MW00928343

LA DOBLE CARA DEL NARCOTRÁFICO

LA DOBLE CARA DEL NARCOTRÁFICO

Ángel Martínez

2da Edición

Copyright 2016 Ángel Martínez
Autor: Ángel Martínez.
Edición, diseño y maquetación: Totalweb.es
Diseño de portada: Gladys Montes L.

ISBN-13:978-1530025398
ISBN-10:1530025397

Contenido

Dedicatoria

- Marcos F. Agente Especial. FBI. Uno de los hombres más respetados en el bajo mundo del Narcotráfico por su honestidad con los informantes y delincuentes.

- Francar J. Supervisor Agente Especial DEA, es la persona más inteligente que he conocido en mi vida.

- Miguel D. Agente Especial INS. Amigo que en sus momentos supo dirigirme y protegerme cuando la muerte se acercaba a nuestras investigaciones.

- Aníbal G. Supervisor Agente Especial. FBI. Su gentileza y educación abrieron las puertas a muchos delincuentes que hoy son hombres prósperos.

- Fidel S. Agente especial Supervisor DEA sus decisiones acertadas me hicieron crecer para llegar a lo que soy.

- Aivan R. Agente Especial FBI. Su humildad y trato cordial me llenaron de sabiduría al tomar una decisión.

- Ralph G. Agente Especial DEA. Me indicaste el camino por donde andan los hombres de la ley.

- Alan G. Fiscal De Estados Unidos. (Año 2006) Abogado Privado. Tus orientaciones fueron los escalones que me ayudaron a conquistar el sueño americano.

- Spike. Mi perro, fiel amigo de cuatro patas, él no sabe leer pero es agradecido

"Los narcotraficantes están ganando la guerra"

Introducción

"Escribir un libro es algo tan fácil." Decía mi hijo de 13 años que él podía hacerlo en un día y le sobraba tiempo para jugar. Estas palabras las vine a entender después de escribir varios libros y darme cuenta que para hacerlo había que tener la imaginación de un niño, el pensamiento de un adolescente y la experiencia de un anciano.

Con este libro pretendo que el lector, además de documentarse sobre la importancia del tema del narcotráfico, se entere y entretenga con las historias de algunos personajes del mundo del tráfico y consumo de drogas ilegales en Estados Unidos y el mundo. Las mafias del tráfico de drogas tienen núcleos en todas partes del planeta tierra, y para mantener sus negocios deben extorsionar, secuestrar y asesinar.

El mensaje primordial de este relato es dar una idea del poder que tienen las organizaciones criminales dedicadas a este negocio, y de la facilidad con que cuentan para salir impunes de cargos, luego de perpetrar asesinatos sin importar quiénes están en medio de sus objetivos, inocentes o culpables, todos sufrirán los estragos dejados por este funesto negocio de muerte.

Este libro muestra de manera sencilla el horror y peligros a los que estamos expuestos todos los ciudadanos inocentes dentro de una sociedad, en la que narcotraficantes inescrupulosos se aprovechan del pueblo trabajador para hacer sus negocios sembrando el pánico y malos ejemplos; cuando por deseos de acumular fortuna realizan crímenes que luego son enmendados por decisiones irresponsables de algunos burócratas del sistema judicial de Estados Unidos, que se encuentra plagado de hipocresía y deshonestidad cuando se trata de juzgar a criminales que han pasado su vida asesinando familias enteras de este hermoso país.

El intercambio de información por reducción de condenas es un crimen que no podemos castigar, debido a los caminos determinados por los políticos quienes dirigen la justicia en el pueblo americano.

Nos sentimos impotentes cuando un criminal que es condenado a veinte años de reclusión o a cadena perpetua, es visto luego de un tiempo paseando por los mismos vecindarios o calles que en días pasados eran nidos de ratas. La anterior situación es posible debido al seguro de información criminal que poseen los delincuentes; éste consiste en proporcionar datos a los fiscales para que puedan atrapar algún pez gordo y ser premiados con puntos para escalar posiciones políticas.

Esto les permite seguir aparentando que están haciendo un excelente trabajo al limpiar las calles de malos elementos que eliminan a nuestros buenos ciudadanos y envenenan a nuestros hijos con sustancias que, como la cocaína, causa la muerte.

Decir que estamos ganando la guerra al narcotráfico es pura ilusión y demagogia de los políticos de turno en Estados Unidos.

Comencemos por los protagonistas del narcoterrorismo, los guerrilleros de las Fuerzas Armadas Revolucionarias de Colombia, FARC; ejército diseminado por todo el territorio colombiano que hoy protege los cultivos ilícitos para la elaboración de drogas en el país con mayor producción de cocaína del mundo y segundo en producción de heroína. Las fuerzas irregulares de las FARC tienen como base de sustento este negocio que les genera más de $50.000 mil millones de dólares anuales, hecho que ha situado al movimiento guerrillero en una posición muy peligrosa para Latinoamérica por su capacidad letal, pues ha adquirido armas sofisticadas gracias a las utilidades multimillonarias recibidas de sus aliados narcotraficantes; al analizar la situación podemos decir que están pulverizando la política norteamericana de combate al narcotráfico.

Por otra parte vemos que Perú está en una fuerte competencia por quitarle el liderato a Colombia como líder en producción de cocaína en el mundo por el gran aumento de terrenos sembrado de plantas de cocaína en esa nación.

En el año 1964, cuando el movimiento de las FARC comenzó sus operaciones, tenía en sus filas doscientos campesinos mal armados; hoy en día cuenta con cincuenta mil combatientes, de ellos el 35% son mujeres y diez mil niños. Las fuerzas terroristas solamente en Colombia han dejado pérdidas superiores a los $50.000 mil millones de dólares anuales por actos de sabotajes a la infraestructura del país; por ataques a la población civil y más de 8 millones de nacionales han sido desplazados dentro y fuera del territorio colombiano, y alrededor de 250.000 personas pidiendo asilo político en Estados Unidos y otras naciones del continente.

Los guerrilleros colombianos mostraron su poder económico proveniente del tráfico y protección a cultivos y rutas de trasporte de drogas ilegales, cuando a final del año 2002 engañaron al Gobierno colombiano dirigido por Andrés Pastrana, elegido presidente para el período 1998/2002, y al Departamento de Estado en Washington prometiendo que se desmovilizarían para terminar con la guerra. El presidente Pastrana les concedió 42.000 kilómetros cuadrados para "zona de despeje", desde la cual los insurgentes se prepararon comprando armamentos en el mercado negro por más de $300.000.000 de dólares.

Con errores como estos y ante el potencial económico de los narcoterroristas no podemos decir que estamos ganando la guerra contra el narcotráfico; sin embargo, unos cuantos políticos en los Estados Unidos lo afirman. El narcoterrorismo es la guerra del siglo XXI la que estamos ganando desde el punto de vista de los analistas en Washington.

De acuerdo con datos estimados, el negocio ilegal de las armas en el mundo está compuesto por unos 250.000.000 de armas ligeras, pistolas, revólveres y 80.000.000 de fusiles AK-47, a los que se suman miles de proyectiles tierra aire que de ser utilizados contra aviones comerciales en territorio colombiano dejarían un desastre inimaginables.

Los traficantes de armas encontraron en las FARC. Unos compradores con los bolsillos llenos de dólares y una extensa porción de territorio en el cual podían recibir los cargamentos lanzados desde aviones que burlaban los controles aéreos sobornados por grandes sumas para entregar en tierra colombiana su mercancía.

Podemos confirmar que no estamos ganando la guerra al narcotráfico porque en el año 2000 gastamos $30.000 mil millones de dólares en el Plan Colombia para erradicar los cultivos ilícitos; pero si observamos que antes de 1980 había 5.000 hectáreas sembradas de coca y 20 años después hay 270.000 a las que se agregan otras 250.000 de amapola, de donde se extrae la heroína, es lógico concluir que nuestra política del combate a las mafias del narcotráfico debe ser reestructurada.

Otras de las evidencias que tenemos sobre el fracaso del combate a las drogas es el hecho de que entre los años 1980-1993 el negocio del narcotráfico creció un 300%; y que del año 1980 al 2004 la industria creció en un 700%. Pero lo más preocupante es que del año 1990 al año 2011 el negocio de las drogas creció un alarmante 900%

Lo anterior es un termómetro que mide lo errada de nuestra política en cuanto al combate de este fenómeno que daña nuestra sociedad corrompiendo los soportes familiares. Estamos convencidos y lo podemos demostrar, que la política que se está aplicando contra este lucrativo negocio no es la correcta; debe utilizarse un despliegue de fuerza similar a la que se emplea contra el tráfico de drogas, para combatir el consumo de las mismas formas en la sociedad norteamericana, en donde 40.000.000 de personas consumen todos los días la cocaína.

Antes de terminar esta introducción debemos detenernos en un aspecto muy importante en este negocio del siglo. Se trata del transporte de drogas en tránsito hacia su territorio de consumo, Estados Unidos.

México tiene más de 3,200, kilómetros de frontera con Estados Unidos y alrededor de 15.000.000 de nacionales de ese país que viven en territorio americano, esto ha venido a convertirse en un eslabón muy importante para la cadena de tráfico de este nefasto negocio.

México consiguió despojar de su trono a los colombianos, antiguos líderes en el transporte de drogas hacia las ciudades norteamericanas consumidora. México, cuya población supera los 125 millones de habitantes, fue un objetivo estratégico para las organizaciones criminales colombianas dedicadas al negocio de las drogas.

El cartel de Medellín, una organización narcoterrorista, envió un escuadrón de sus mejores hombres a territorio Mexicano con el objeto de reunirse con un grupo de rufianes que tenían contactos con el movimiento Zapatista, un grupo guerrillero que tiene las selvas de Chiapas bajo control armado. Si los narcos colombianos habían progresado con los guerrilleros de las FARC, que les facilitaban las tareas a los carteles de las drogas, México sería el punto más importante para desarrollar otro movimiento armado que de manera similar protegiera los embarques de droga hacia Estados Unidos.

Con el dinero del narcotráfico los colombianos se introdujeron en las esferas políticas, sociales y militares de México construyendo la plataforma para que sus asociados tuvieran soporte en todos los frentes. Por otra parte, los delincuentes Mexicanos les propusieron a los colombianos que el costo por sus servicios de transporte de la preciada mercancía podían pagarlo con droga y no con dinero en efectivo, como se hacía en el pasado; esto creó un mercado de consumo en México, que hoy se traduce en que las ciudades Mexicanas sean de alta peligrosidad, propiciada por el desorden y vacío de poder que existe en esa nación.

México está fuera de control, la delincuencia es alarmante, sus calles ya no son seguras y se ha creado en la ciudadanía y en el turismo un desconcierto e impotencia sin precedente por el alto consumo de drogas en las calles Mexicanas.

Si los narcotraficantes siguen apoyándose en el movimiento insurgente Mexicano, "Los Zapatistas", muy pronto tendremos otro grupo guerrillero para tomar en cuenta en América Latina, alimentándose de los grandes flujos de dinero que proporciona la venta y consumo de drogas en territorio americano.

¿Cómo funciona el negocio?

Colombia es el mayor productor de cocaína en el mundo siguiéndole los pasos muy de cerca Perú. El dato, obtenido de la oficina de la DEA en Washington, indica que hay una producción de 600 toneladas anuales del alcaloide; además, con una producción anual de 7 toneladas de heroína, en este renglón el país ocupa el segundo lugar en el mundo ya que Afganistán dirigido políticamente por Estados Unidos, es el productor número uno de heroína en todo el planeta tierra.

Nuestros análisis sostienen que si sumamos las incautaciones de droga hechas en Europa a las estadísticas de Estados Unidos sobre el tema tendríamos que revisarlas, la producción de cocaína y heroína en Colombia es mayor a las mostradas por los americanos.

En cuanto a transporte de droga sobresalen dos lugares:

A) Los mexicanos que dominan este renglón, apoyándose en los 3.200 kilómetros de frontera con Estados Unidos, su movimiento guerrillero, los Zapatistas en Chiapas y su corrupción fuera de control en todas las esferas civiles y militares.

B) Los dominicanos se han posicionado en el segundo lugar en transporte de drogas hacia los Estados Unidos. Cuentan para ello con su vecino, Haití, cuya frontera es protegida por militares dominicanos corruptos que se venden al mejor postor; y con la cercanía a Puerto Rico, país fuera de control debido a sus altos índices de delincuencia urbana por los más de 1.200.000 adictos que tiene la isla.

Otro de los puntos muy importante dentro de Estados Unidos los tienen los dominicanos que dominan el primer lugar como distribuidores de droga en territorio americano.

Los estadounidenses aportan a la cadena lo más importante de la ecuación con sus 40 millones de personas consumiendo drogas diariamente, situándose como el país número uno en consumo en el mundo.

En otro orden, la política represiva que emplea la justicia Estadounidense, el único resultado que está obteniendo contra el crimen organizado que maneja el tráfico de drogas es que sitúa a los americanos como el país de mayor población carcelaria en el mundo ya que tienen unos 8.500.000 de personas en el sistema de prisiones, unos 2.800.000 presos y el resto con procesos en las cortes de esta gran nación.

Necesito un investigador privado

Soy investigador privado, tengo oficinas con representación en 150 países del mundo, con el centro de operaciones en Miami, Florida, Estados Unidos; situado en una de las principales arterias comerciales de la ciudad. Esta oficina donde se reciben las llamadas para de ahí dirigirlas a los puntos de operaciones donde se hará el futuro trabajo que se nos solicite tiene mucha actividad; es por esta razón que llegan a mi despacho diferentes tipos de casos, los cuales debo evaluar para poder despejar el trabajo de mi organización, con la que el cliente busca hacer un contrato con el objeto de que nuestro personal, compuesto por ex agentes federales americanos, la mayoría, comience una investigación privada en torno a un tópico en especial.

Era viernes en la tarde todos estábamos listos para terminar labores y cerrar la oficina hasta el próximo lunes; mi personal se sentía muy alegre porque el fin de semana viajaríamos haciéndonos cargo de la seguridad de una artista que se desplazaría de Miami a Los Ángeles, California; nuestro objetivo era despejar la sospecha sobre un loco que la perseguía con una pasión endemoniada, pues le hacía llamadas diciendo:

"Soy el diablo, muy pronto estarás en mi hogar favorito", ¡El infierno!

Cuando trabajamos en un caso de esta naturaleza nos sentimos muy entusiasmados por los buenos momentos que pasamos en los mejores hoteles y restaurantes del territorio americano; en algunas ocasiones viajamos a otros países, principalmente de América Latina, donde recibimos ayuda de los servicios de inteligencia, con los que estamos muy bien conectados.

En el momento en que nos disponíamos a revisar el equipo que llevaríamos en nuestra misión, entró una llamada que fue atendida por mi asistente.

Ella puso el aparato telefónico en espera y salió de su cubículo dirigiéndose a mi despacho, que está al fondo del corredor; al llegar frente a mi puerta se recostó en el soporte, me miró con ojos de interrogación entreabriendo su boca para insinuarme que algo requería mi atención; ese algo no eran los atributos dados por la naturaleza a esta mujer por supuesto.

-Jefe, tiene una llamada en la línea tres, quiero que la atienda.

Me quede paralizado porque no me gustan las llamadas inoportunas y menos que una asistente me de trabajo, para eso están ellas, quítenle obligaciones al jefe y me tendrán feliz.

-¿Quién llama?

-Un cliente

-Como siempre te he dicho, el trabajo tiene sus límites, eso quiere decir que por esta semana todo terminó, trata de hacerle una cita para el lunes.

-Esta mujer sigue insistiendo que quiere hablar algo muy importante con un investigador con mucha experiencia, y dice que tiene que ser ahora.

-Hoy he tenido demasiado.

-Si fueras tan amable, tómela por favor.

-¿Podrías atenderla tú?

-Las reglas del negocio dicen que el investigador de mayor experiencia atiende al cliente para tomar el caso.

-Antes de hacerla pasar dile que cobro $125.00 dólares por hora.

Cuando mi asistente filtraba una llamada y la clasificaba como importante era porque había que tomarla en cuenta, pues Alex tenía suficiente experiencia para saber cuándo había una posible investigación importante en proceso.

Normalmente, las personas que creen necesitar los servicios de un investigador privado comienzan buscando precios en varias agencias de investigación para encontrar el precio más favorable para el trabajo que quieren hacer.

Me decidí a tomar la llamada sin mucho ánimo, pues no quería habituarme a la rutina de los investigadores privados que siempre están trabajando bajo presión constante, y terminan después con una úlcera o un paro cardíaco, dejándolo todo a los que sí pueden gozarse la vida.

Hoy, después que el tiempo ha pasado, me doy cuenta, tal vez muy tarde, de que el trabajo no lo es todo; siendo esta vida tan corta hay que disfrutar de cosas que llenan y cultivan el alma, para que el cuerpo esté preparado para afrontar el trajín de los días por llegar, que son el termómetro para que la vida sea más duradera. Levanté el teléfono y contesté.

- ¿En qué le puedo ayudar?

-Quisiera una investigación.

- ¿Qué vamos a investigar?

-La desaparición de mi esposo.

- ¿Fue a la Policía?

-Sí, pero no veo que ellos adelanten la investigación, los llamo todos los días y me dicen que tenga paciencia que están trabajando.

-Tiene que comprender que una investigación necesita tiempo.

-La tierra no pudo haberse tragado a mi esposo; necesito saber qué pasó.

- ¿Puede pasar el lunes por nuestra oficina para tratar esta situación?

-Si no es mucha molestia, me gustaría ir en estos momentos a su oficina.

- ¿Porque tiene tanta prisa?

-Tengo que decidir esto hoy.

-Venga, la esperaré si llega en media hora.

-Su secretaria me dio la dirección y puedo llegar en 15 minutos, pero antes de salir hacia su oficina quisiera saber cuánto me costará.

-Por esa razón quiero que nos visite, pues dependiendo lo que usted necesite que investiguemos el costo puede bajar o subir, teniendo en cuenta que por cada hora que pase conmigo contándome su caso le facturaré $125.00 dólares.

-Me suena más objetivo que los otros a quienes he llamado.

-Si le caí bien con dos palabras que hemos hablado, comenzamos con buen pie.

-No es que me sienta bien con su postura, es que la he encontrado correcta porque otros investigadores que he consultado me han dado precios muy elevados sin antes saber de qué trataba la investigación.

-Me alegra escuchar eso; como acordamos, la esperaré.

Las personas que contratan un investigador privado, la mayoría de las veces lo hacen por el vacío o la impotencia que sienten al desconocer situaciones futuras en sus vidas. Por esa razón recurren a nosotros, que tenemos el conocimiento y la práctica para hacer el trabajo desde una óptica profesional. Otro de los eventos en que nos llaman los futuros clientes es porque las agencias del gobierno, federales o policías no tienen solución a sus denuncias o casos presentados por falta de tiempo ya que son demasiadas denuncias para un escuadrón reducido de agentes de la ley que ponen mayor atención en los crímenes de importancia en la comunidad.

La señora Vicky se presentó en mi oficina unos 20 minutos más tarde. Ella estaba con una vestimenta especial, que le daba la apariencia de ser una dama muy elegante. Su falda negra con una pequeña abertura hacia los lados dejaba ver parte de sus encantadoras piernas, haciendo una excelente combinación con el escote de su blusa blanca, bordada en las orillas, que forzaba a cualquier mortal a fijar su mirada en aquel bello panorama. Su cara redonda y sus ojos grandes hacían de su personalidad una mujer muy atractiva con sex-appeal pronunciado. La dama emanaba un olor muy agradable, lo sentí desde el primer momento en que entró a mi oficina.

Una mujer bien perfumada presenta muy buena impresión, pues el cuerpo produce olores que deben contrarrestarse con perfumes que enamoran el olfato y despiertan la pasión de la imaginación en el ser humano.

Entró a mi despacho y le di la bienvenida, invitándola a sentarse en mi elegante sillón de cuero. La mujer se acomodó en el asiento que tengo reservado para entrevistar a clientes con posibilidades de presentar un caso de importancia para nuestra organización.

Ella comenzó diciendo:

-Como le decía por teléfono, mi marido está desaparecido desde hace unos 21 días; y no veo que la Policía adelante en nada el caso.

Esta situación comienza a desesperarme, es por eso que decidí recurrir a los servicios de un investigador privado.

-¿Cuál es el nombre de su marido?

-Mario Henao.

Comencé un interrogatorio preliminar para empaparme de la situación por la que estaba atravesando aquel futuro cliente. Mario estaba casado con la señora Vicky desde hacía 10 años, no tenían hijos, cosa que le preocupaba porque él siempre le decía en la intimidad que si Dios le daba la oportunidad de que ella quedara embarazada, quería una hembra. Habían agotado todos los medios para tal fin, sometiéndose a muchos tratamientos in vitro fertilización, pero todo había sido inútil. El estrés, el aumento de la edad de la maternidad y la mala calidad del semen son algunas de las causas que no permiten que una pareja procree un hijo de forma natural.

La fertilización in vitro conocida también como bebé probeta, es un método exitoso de reproducción humana asistida, que se utiliza desde el año 1978. Se ha venido perfeccionado durante los últimos tiempos a raíz de las nuevas Investigaciones y hallazgos. Ha sido un tema polémico entre ciencia, ética, moral y religión, en cuanto a utilizar métodos antinaturales para la concepción de la vida, lo que ha generado el rechazo de diversos sectores, especialmente religiosos.

El Colegio Americano de Fertilidad y Reproducción en sus últimas estadísticas dice que el 15% de la población mundial puede ser infértil. La fertilización in vitro, es una tecnología que consiste en unir óvulos y espermatozoides en un medio de cultivo para que fecunden, cuando de forma natural no pueden hacerlo por presentarse algunos problemas en el hombre o en la mujer. Consiste en que los espermatozoides del hombre y los óvulos de la mujer se combinan fuera del cuerpo en un recipiente dentro del laboratorio para luego ser colocados en una incubadora.

Después que se presenta la fertilización, el embrión resultante es transferido al útero de la mujer donde se implantará. La probabilidad de éxito del tratamiento depende de muchos factores. Algunas parejas en vez de adoptar un hijo se deciden a intentar un embarazo mediante fertilización in vitro por considerarlo más apropiado.

Las estadísticas varían de país en país de acuerdo a la experiencia que se tiene en la utilización de ésta tecnología. Lo que es cierto, es que a pesar de las numerosas críticas de que ha sido objeto, este método ha probado ser muy efectivo contra los problemas de infertilidad que afrontan algunas parejas y se ha convertido en una esperanza para aquéllas personas que por mucho tiempo no han podido tener un hijo de forma normal.

Esta pareja; los Henao, eran propietarios de una compañía de construcción que les proporcionaba amplias comodidades económicas; su esposo era un hombre ejemplar, siempre estaba en comunicación con ella, llegaba todos los días a casa, de 6 a 7 de la tarde, nunca le había dado motivos de celos, ni desconfianza a Vicky; el amor que Mario le brindaba era suficiente para que ella se sintiera amada por aquel hombre, al que quería con locura.

El hecho de no tener hijos y gozar de estabilidad económica, hizo que Mario y Vicky se compenetraran más en su relación de pareja. El esposo había desaparecido con su camioneta estilo van, vehículo que utilizaba para transportar equipos y herramientas necesarias para el trabajo que realizaba su compañía de construcción y decoración, de la cual Vicky era presidente.

La señora Vicky me proporcionó algunos detalles que le pedí, para contar con mayor información durante la Investigación que emprendería si ella decidía contratarme para encontrar a su esposo.

-Si estamos de acuerdo en los costos, comenzaré a trabajar el próximo lunes.

-¿Qué necesita para empezar a buscar a mi marido esta misma noche?

-Estoy muy ocupado este fin de semana y no puedo tomar otro trabajo, no quiero mentirle, podría decirle que voy a comenzar a trabajar en estos momentos pero eso no lo haré, no me gusta mentirle a los clientes.

-Me encanta su sinceridad. ¿Cuánto me costará la investigación?

-Necesito $5,000.00 dólares para iniciar el trabajo; le facturaré por hora, si tenemos buena suerte, y si esta investigación termina antes de haber gastado todo el dinero le devolveré lo que sobre.

-¿Lo podrá encontrar pronto?

-Eso dependerá de muchos factores, pero sí le prometo que buscaremos todas las pistas necesarias para ubicar a su marido.

-Haga lo que tenga que hacer, pero encuéntrelo, no puedo vivir con este sufrimiento. Creo que voy a enloquecer... huhuhuhuhuhu...

-Tranquila señora Vicky, esa no es la mejor posición; llorar crea un estado de ansiedad que altera los nervios y cuando uno está nervioso no coordina bien las ideas y toma decisiones erradas.

-Es fácil para usted filosofar; en estos momentos me encuentro desesperada, angustiada, sin saber qué camino tomar; él lo hacía todo.

-La orientaremos; pero tiene que calmarse, saque fuerzas, actúe con inteligencia y verá que saldrá bien de este fugaz momento.

En algunos casos los clientes que visitan nuestras oficinas terminan llorando cuando nos exponen una situación en la que se sienten impotentes. La señora nos dio un cuadro perfecto de lo que fue su vida al lado de Mario; teníamos suficientes datos para comenzar una investigación sobre la desaparición del hombre.

Los viernes son los días que las familias de la sociedad americana esperan con ansiedad pues el entorno familiar, esposa, hijos y amigos se unen en armonía para compartir los buenos momentos de la vida.

Ocurre lo contrario en el caso de los investigadores privados; los días de fin de semana son los que tienen más movimientos en las oficinas; razón por la cual este trabajo nos convierte en muchos casos en hombres o mujeres con actitudes diferentes al resto de la comunidad.

Fuimos a California a realizar el trabajo que teníamos pendiente de la artista que recibía las llamadas amenazantes. Habíamos hecho reservaciones en 3 hoteles, e igualmente en varias compañías de renta de autos para despistar al "chistoso" que estaba aterrorizando a nuestro cliente. El vuelo fue perfecto; más cuando uno lo hace en primera clase, ¡Eso sí es vida! Si se siente deprimido por una razón u otra, tome un viajecito por avión en primera clase y recibirá una inyección de alivio que lo repondrá del malestar que lo agobia. El problema es que hay muchos seres humanos que por tratar de economizar, no se dan algunos pequeños gustos en esta vida y dejan fortunas guardadas para que después de su muerte, los hijos y familiares tengan tremendas peleas, donde los abogados se llevan gran parte de lo que debieron disfrutar.

Llegamos al hotel y nos encontramos con una canasta de flores rojas muy hermosas y un sobre sellado con una pequeña nota en su interior que decía:

"Te voy a matar y los dos nos iremos al infierno."

Ante aquella nota, la artista se desesperó y me dijo:

-Quiero un hotel, que sea más seguro.

-Sígame por favor, salgamos de aquí.

Lo más importante era sacar a mi cliente del área de peligro; después trataríamos cualquier otro asunto, pues mientras más seguridad se prevea frente a una amenaza como esta, es mayor la probabilidad de evitar un ataque a tu protegido.

Mientras mi asistente, se quedaba para poner a la policía al tanto de lo que pasaba con estas amenazas y entregaba el arreglo floral a un escuadrón especializado en huellas de la policía local, yo me encargaría de ir con mi cliente a otro de los hoteles en el que teníamos reservaciones.

Al llegar al segundo establecimiento nos encontramos con la misma canasta de rosas rojas y otra nota que contenía el mismo texto del mensaje anterior. Se me ocurrió llamar al tercer hotel donde habíamos reservado, y me informaron que allí había un inmenso arreglo floral para mi cliente.

El loco no había dejado espacio; como no sabía en cuál de los hoteles nos hospedaríamos mandó flores con amenazas a los 3 donde habíamos hecho las reservas.

Comprendí que no se trataba de un juego; esta persona estaba obsesionada con mi protegida, teníamos que preparar un plan muy seguro para tranquilizar y proteger a mi cliente y evitar que fuera a sufrir un atentado por parte de un sádico loco que estaba dedicando tiempo y dinero a un propósito maligno.

Pasamos el fin de semana en los Ángeles, California, con la adrenalina a flor de piel y el temor de que el loco que estaba asediando a nuestro cliente nos atacara en cualquier momento; la joven que protegíamos veía amenazas hasta en la sopa, cualquier cosa la consideraba obra del lunático que la amenazaba con sus notas, nos llamaba a cada instante para consultar sobre tal o cual cosa que consideraba sospechosa.

Este, quien fuera, había logrado su objetivo, tenía a su presa asustada y constantemente pensando en un ataque que nunca llegaba.

Regresamos a la Florida el lunes en la mañana para comenzar el caso del esposo desaparecido de la señora Vicky.

Para empezar, buscamos en el sistema de computadoras que poseemos, logrando un reporte sobre Mario que nos permitiera evaluar quién era el personaje que investigaríamos.

Los investigadores privados tenemos acceso a mucha información, y la que no conseguimos por medio de compañías dedicadas a este negocio, la obtenemos con viejos amigos que pertenecen a servicios de inteligencia, pues en algunos casos nos deben favores por información que compartimos con ellos cuando necesitan una mano independiente como la de nuestra oficina privada.

En la primera búsqueda electrónica que hicimos de Mario, el sistema de computadora nos dio una dirección donde vivía una niña de 5 años con el nombre de Vicky Henao, cosa esta que nos llamó la atención porque en investigaciones cualquier pista por pequeña que se presente puede ser de verdadera importancia para los fines de nuestro trabajo. Tomamos el expediente de Mario y salimos en busca de información a las calles. Teníamos un punto de partida, pues la dirección que habíamos encontrado nos daría una posible pista sobre el rumbo que tomaría la investigación.

Nos presentamos en la dirección obtenida con unas fotos del desaparecido esposo, proporcionadas por Vicky, su esposa. Las fotografías tienen un espejismo inigualable, éstas detienen el tiempo y nos dan una visión de cómo cambian los rasgos característicos de una persona; por esto le sugiero que se tome una foto todos los años y se dará cuenta de qué cambios ocurren a medida que el tiempo lo va llevando al final de sus días en este mundo. En el trabajo de investigador no es muy aconsejable tomarse fotos, pues ya me pasó con un gran amigo de la profesión que durante una reunión íntima de amistades comunes en la que se celebraba un cumpleaños sacó un álbum y mostró la foto de su amigo, "El investigador privado"; yo.

Uno de los visitantes que estaba siendo investigado por el servicio secreto de Estados Unidos, donde yo era agente encubierto me reconoció y comenzó a atar cabos sobre su situación. Casi pierdo la vida cuando el hombre me acorraló, haciéndome preguntas y apuntando a mi cabeza con una pistola de quince tiros. Tuve suerte que el destino al escribir mi camino en este planeta, me dio la oportunidad de seguir con los vivos para que les deleitara con mis aventuras; no era mi hora, pues cuando ella llegue no habrá retorno.

Mario Henao tenía alrededor de 40 años y pesaba unas 175 libras, muy bien parecido, por su contextura de cuerpo musculoso que se alcanzaba a ver por encima de su ropa, esto daba una idea de lo bien que mantenía su forma. Decidimos mostrar la fotografía de Mario en los alrededores de la dirección que habíamos encontrado. Cuando comenzamos a preguntar en el vecindario, después de dar varias vueltas por los alrededores, notamos que en uno de los apartamentos cercano a la dirección donde indagamos inicialmente sobre el hombre desaparecido, había una señora de unos 65 años aproximadamente en una silla de ruedas mirando con ojos de halcón a todo el que pasaba.

Personas como esta son de gran ayuda cuando algo acontece en la barriada; ellas están pendientes de todo pues no tienen más que hacer, ya que la muerte está próximo a llegarle y el alimento que encuentran para vivir es el chisme que puedan levantar sobre cualquiera de sus vecinos, y así cuando alguien se les acerca tienen tema de qué hablar y entretener al visitante con su supuesto descubrimiento. Dejé a mi asistente en el auto para que me cubriera la retaguardia y me lancé a la conquista en el mundo del espionaje investigativo. Me acerqué a la mujer de la silla de ruedas, como el que conoce el terreno que pisa, con mucha confianza y determinación.

-¿Cómo está señora?

-Muy bien gracias, ¿Usted no es del vecindario?

-Tiene toda la razón, parece que conoce a todos por estos lados.

-Tengo la suerte de siempre estar aquí, es por eso que todos me conocen.

Saqué una foto del bolsillo de mi chaqueta y se la extendí a la mujer que inmediatamente abrió los ojos como dos ventanas en un día lluvioso.

-¿Conoce este hombre?

-¿Usted es policía?

-No.

-¿Me está mintiendo?

-Le puedo jurar por los restos de mi madre que no soy policía.

-Si no es policía, ¿Por qué tiene pistola y anda con una foto preguntando sobre una persona?, no me gusta que me engañen, si hubiera sido sincero conmigo seguiría hablando con usted.

-¿No cree en mi juramento?

-Un hombre que jura por su madre y miente es una mierda.

-Es una persona muy inteligente, si tuviera gente como usted en mi oficina las cosas marcharían mejor.

-¿Quiere decir que sí es policía?

-No, soy investigador privado.

-Es de la misma familia, quieren descubrir cosas para joder a los seres humanos.

-En eso no estamos de acuerdo, le dije que no era policía y me estoy identificando con mis credenciales, estoy siendo honesto con usted.

-Sí, pero es policía.

-No soy policía y muchas gracias por su ayuda.

Comencé la retirada, pues con esta mujer había apostado al caballo equivocado; consideré que tenía alguna enfermedad de las que les da a los ancianos y no me serviría de nada seguir insistiendo. Había caminado escasos 10 pasos, cuando a mi espalda escuché la voz más dulce que pudiera imaginar:

-El hombre de la foto se llama Mario.

Giré en círculo, como cuando a un militar le piden que dé media vuelta, para tratar de convencer a la señora de la silla de ruedas de que siguiera hablando y me contara todo lo que sabía sobre el hombre que buscaba.

-¿Cómo dijo?

-Conmigo no se haga el tonto, usted escuchó perfectamente lo que dije.

-¿Conoce a Mario?

-Tratemos este asunto de la siguiente manera, con seguridad usted está ganando dinero preguntando quién conoce al hombre de la foto, ¿Yo qué gano con decirle todo lo que sé de Mario Henao?

-Le pagaré dependiendo de lo que me diga.

-Le he dado dos cosas gratis.

- ¿Cuáles?

-Le dije que se llamaba Mario y después agregué su apellido, Henao, eso demuestra que tendrá que pagarme si quiere más.

-¿Cuánto?

-$100.00 dólares, si quiere que siga hablando.

-$20.00 dólares.

-Dígale al cliente que lo contrató que hay una vieja anciana postrada en una silla de ruedas esperando morir en paz, que le pidió $100.00 dólares para decirle lo que ustedes no saben sobre Mario Henao, y usted se niega a dárselos.

-$50.00 dólares.

-¿Dónde cree que está?, ¿En una tienda de rebaja?

-75.00 dólares, y es mi última oferta.

-Hecho; quiero el dinero por adelantado.

En algunas ocasiones en este negocio hay que tomar riesgos y éste era uno de ellos. Le entregué el dinero; la mujer lo contó mirando cada billete con mucho detenimiento para ver si pasaban su aprobación lo guardó entre sus enormes senos, los que con seguridad no habían visto un cirujano plástico, de esos capaces de achicarlos a las que los tienen grandes y aumentarlos con siliconas a aquellas que los tienen pequeños y quieren engañar las miradas de intrusos.

-Pregunte todo lo que quiera, hoy hay rebaja.

-Hábleme de Mario, el de la foto.

-Mario tiene una amante en este edificio.

- ¿Cómo sabe que es su amante?

-El hombre no duerme aquí, la mujer se llama Norma, tiene una hija con él, la niña se llama Vicky Henao, tiene 5 cinco años y es preciosa; en estos momentos debe estar por llegar de la escuela.

-Continúe.

-La madre la va a buscar para que Mario almuerce con la niña y pasen un momento juntos, después él toma su camioneta blanca y se marcha hasta el día siguiente, cuando hace la misma rutina.

-¿Me quiere decir que Mario vendrá en cualquier momento a almorzar con su hija y su amante?

-No, él lleva varios días sin venir, parece que están enojados o se pelearon.

-¿Cuántos días cree usted que han pasado sin que él las haya visitado?

-Puedo decir que unas 4 semanas.

Le pedí permiso a la mujer para poner al tanto a mi asistente de todo lo que había averiguado sobre el hombre que buscábamos, y para que estuviera preparada porque en cualquier momento podría llegar la amante del hombre desaparecido y su niña. Regresé al encuentro con la mujer de la silla de ruedas, ésta me contó todo sobre lo que suponía que estaba pasando con la relación de Norma y Mario; comenzó a dar detalles de todos los inquilinos del edificio, unos vendían drogas, otros eran prófugos y la mayoría de mujeres que vivían en la vecindad eran prostitutas.

-¡Esa que está llegando es Norma!

-Trate de seguir conversando, no quiero que sospeche que estamos hablando de ella.

La mujer llamada Norma tendría 29 años aproximadamente, muy bonita figura; sus espejuelos le daban una apariencia señorial que sumada a la protección brindada a su niña cuando le tomaba de sus manitas hacían de esta dama una madre en todo sentido de la palabra. Tenía la piel blanca, muy bien mantenida, bronceada por el sol, su caminar la distinguía por sus suaves movimientos de cadera, que con su perfecta figura podía poner a cualquier hombre en posición de conquista.

Era un hermoso ejemplar representante de la naturaleza femenina. Esta joven cubana había llegado por balsa a Miami hacía siete años, navegando las noventa millas que separan a Cuba de los cayos de La Florida. Cabe destacar que Miami, en Estados unidos, con aproximadamente 1.000.000, de ciudadanos cubanos entre sus habitantes, es la segunda ciudad en el mundo con mayor población de la isla caribeña.

-Lo que haré le costará $25.00 dólares que me quitó cuando comenzamos a negociar.

La mujer de la silla de ruedas hablaba con su mirada fija en Norma y la niña, que se acercaban con rapidez por la acera derecha del complejo de apartamentos.

-¿Cómo estás Norma? y ¿Cómo le fue en la escuela hoy a tu hermosa jovencita?

-Estamos muy bien.

Contesto la señora llamada Norma.

-Vicky saluda a Doña Petra.

Todo estaba saliendo como de costumbre sin levantar la más mínima sospecha de mi presencia en aquella primera aparición en la escena de una Investigación en proceso.

-Hola Doña Petra.

Contesto la niñita, la anciana seguía haciendo su trabajo congraciándose con la niña de la mujer.

-¿Te dieron muchas tareas en la escuela?

-Sí, muchas, muchas, muchas.

Contesto la menor con una ingenuidad que engalanaba el espacio de dulzura y amor por la sonrisa de una niña encantadora.

-¡Ah!, Norma, este es mi primo.

-Me llaman, Martínez, un placer conocerla Señora Norma.

-El placer es mío señor Martínez

Inmediatamente la anciana siguió su ataque preguntando:

-¿Y, Mario? Hace varios días que no lo veo.

-Está bien, le daré su saludo, me tengo que ir, adiós.

Norma salió disparada cuando Doña Petra le preguntó por Mario, su actitud reflejó disgusto cuando Petra la mujer de la silla de ruedas preguntó por el hombre. Cuando Norma desapareció de nuestra vista entrando en su apartamento mi nueva amiga en ese momento inicio su ataque.

-Mi dinero.

-Tremendo trabajo acaba de realizar para nuestra organización, tome los $25.00 dólares y mi tarjeta de presentación con mis teléfonos, abra los ojos que volveré por usted para pagarle sus servicios si escucha o ve algo de nuestro interés.

En situaciones como esta cuando se entrevista un posible testigo hay que sacarle el mayor provecho y dejar la puerta abierta para posible información que es lo más valioso para un investigador que no quiere dejar huecos en una escena como la que se nos presentó en ese momento pagando un soborno a Doña Petra, la mujer de la silla de ruedas, que sería mi informante sobre todo lo que se moviera alrededor de aquella vivienda, donde si el hombre desaparecido se acercaba, con seguridad Doña Petra me llamaría, no importaría la hora que fuera, yo le pagaría $200.00 dólares, mas. Con este ofrecimiento la mujer mataría al vecindario entero si fuera posible para dejarme satisfecho.

Alex había tomado varias fotos de la llegada de Norma y su niña, y yo tenía la grabación de la conversación con Doña Petra. Había logrado hacer buen trabajo en el caso que nos había contratado la Señora Vicky, la esposa del desaparecido: Mario Henao. Finalmente teníamos que hacer un resumen para informar a nuestro cliente de lo que habíamos descubierto. Al día siguiente nos llamó un agente del servicio secreto de Estados Unidos, interesado en la investigación y protección que estábamos llevando a cabo para la artista amenazada por el loco satánico.

Estas investigaciones por amenazas de muerte son asumidas por esta agencia del Estado, por temor a que un loco de esos atente contra la vida del Presidente u otra persona importante del gobierno, dicha agencia federal (El Servicio Secreto), es la encargada de proteger al Presidente de los Estados Unidos.

El agente nos informó que la tarjeta de crédito empleada para pagar los arreglos florales era de propiedad de nuestra protegida, dedujimos que quien estaba amenazando a nuestra artista era mujer, o usaba un transformador de voz para lanzar sus amenazas, ya que cuando hizo los pedidos de flores, quien habló fue una mujer. Este fraude de tarjetas de crédito es Investigado por los agentes del servicio secreto, como jurisdicción de su departamento.

Además de cuidar al Presidente, el servicio secreto de Estados Unidos investiga todo lo que tenga que ver con la moneda, dólares falsos, y protección a cualquier dignatario que visite el país, ellos son los encargados de la supervisión y protección cuando ocurren estos hechos dentro del territorio americano.

El loco o la loca que amenazaba a mi cliente era una persona muy inteligente, teníamos que andar con mucho cuidado en este trabajo, si tenía acceso a las tarjetas de crédito de nuestra protegida, con seguridad había otras cosas que nosotros ignorábamos. El perro de la artista amaneció muerto con una nota que decía:

"Este se fue primero, la próxima eres tú y te irás conmigo"

Las autoridades estaban tan preocupadas como nosotros por la cercanía de este loco con nuestro cliente, las cosas que pasaban eran producto de una persona trastornada totalmente. La última amenaza que nos llegó fue una pequeña nota con una advertencia definitiva en la que el loco sentenciaba:

"No tendrás noticias mías hasta el día que veas la muerte frente a tus ojos."

Llamamos a los agentes del servicio secreto, pues les habíamos prometido que sobre cualquier hecho que sucediera dentro de este caso les daríamos participación, porque así contribuiríamos a que el desquiciado no cometiera una locura que nos doliera a todos los involucrados en la investigación. En la nota los federales americanos del laboratorio de expertos en huellas encontraron que en el sobre había una huella, la pasaron por el centro de información del FBI y localizaron la dirección donde vivía la persona identificada con dicha impresión dactilar.

En el campo de la investigación la evidencia de huellas es el camino más frecuente para seguir la pista de un posible sospechoso en un acto criminal, y resultan de gran ayuda cuando los detectives no tienen suficientes pruebas contra un implicado en una investigación que se realice.

Ya teníamos al sospechoso pues los criminales siempre cometen errores, hay muy pocos crímenes perfectos, y la diferencia entre ellos la constituyen los pequeños detalles, tomé el teléfono y llamé a mi cliente:

-¿Quién habla?

-Martínez, ¿Cómo está?

-Esperando por información de su oficina.

-Tengo buenas noticias.

-Eso es lo que necesito en estos tiempos tan turbulentos y desgraciados.

-Le puedo asegurar que los agentes del servicio secreto, con quienes estamos compartiendo las evidencias de su caso, dicen tener al sospechoso de las amenazas.

-Esa es la mejor noticia que he recibido en mucho tiempo, pues usted sabe lo nerviosa que estoy.

-La dirección está siendo vigilada en este momento, creo que arrestarán al sospechoso.

La cuadrilla del servicio secreto estaba lista para entrar en la vivienda.

Alex mi asistente y yo nos encontrábamos dentro de una camioneta Ford van, equipadas con todos los adelantos tecnológicos para monitorear los movimientos del sospechoso dentro de la casa que vigilábamos. Estos equipos electrónicos permiten ver en pantalla, atravesando las paredes de la vivienda por un sistema de emanación de calor.

Con esta tecnología, la sombra de las personas es detectada cuando se mueven dentro de cualquier sitio cerrado, no importa si es de madera o cemento pues los movimientos son detectados por el calor que emana el cuerpo humano. Nosotros habíamos sido invitados por el agente que comandaba la operación porque estábamos en la investigación desde el primer momento.

Era muy beneficioso para ellos tenernos a mano por si se necesitaba alguna consulta para atrapar al desquiciado amenazador de nuestra protegida. Todo estaba preparado; los agentes se comunicaban por sus radios con el mando central informando de sus posiciones, dando muestra de que se estaban preparando para asaltar la vivienda que alojaba en su interior a un sospechoso de asesinato por las amenazas que hacía desde la clandestinidad.

Se daría la orden de ataque para entrar en la casa y arrestar al individuo, pero un minuto antes de que los agentes pudieran actuar apareció por la acera del frente de la vivienda vigilada, un hombre caminando con pasos cansados y mirando con ojos de águila a ambos lados e inspeccionando los vehículos que estaban parqueados cerca de la casa. Este sujeto se dio cuenta de que algo raro pasaba en su vecindad y comenzó a inquietarse; acelerando sus pasos, se detuvo frente a la puerta de la vivienda, giró su cuerpo muy despacio para enfocar todo el panorama que tenía a su espalda y percatarse de los movimientos que hacían los vehículos y las personas que los ocupaban.

Sacó un llavero del bolsillo derecho y se dispuso a introducir una de las llaves en la cerradura de la puerta, que cedió a los propósitos de su visitante. Abrió la puerta y desapareció dentro de la morada. En esos momentos se nos complicaba la cosa pues el individuo comenzó a cerrar ventanas y a correr de un lado para otro dentro de la casa, los monitores que controlaban los movimientos del interior de la vivienda mostraban continua actividad; nos dimos cuenta que nos habían descubierto.

Teníamos que cambiar de táctica pues teníamos el cincuenta por ciento perdido en esta operación, es sabido que cuando se va en busca de un delincuente para atraparlo, el factor sorpresa es de gran ayuda para los agentes del orden. Además teníamos personal para arrestar a uno y se había detectado la presencia de dos sospechosos en la escena de operación porque los detectores indicaban ahora dos sombras dentro de la casa.

El hombre que entró en la vivienda tenía alrededor de 33 años, con buena contextura física y estatura de un metro con ochenta centímetros, la constitución de su cuerpo sugería que el sujeto hacía ejercicio.

El oficial encargado de la operación decidió llamar al equipo SWAT, un grupo de hombres entrenados para hacer arrestos peligrosos cuando se tiene que negociar o entrar en una vivienda que represente peligro para los agentes de la ley.

Estábamos listos para que el equipo de expertos en tácticas policiales entrara en acción, o comenzara a negociar haciéndole la primera llamada a los dos sospechosos que estaban en la casa, a estas alturas ya rodeada por 65 agentes de la ley.

Cuando el agente encargado de negociar con los sospechosos levantó el teléfono para llamar a la casa; por la dirección se buscó qué teléfono pertenecía a esa vivienda, nos sorprendió la velocidad que traían tres autos con vidrios oscuros y antenas en su techo, tomaron el centro de la calle que daba a la casa, se estacionaron frente a ella y de los vehículos descendieron unos hombres rubios como sacados de una cancha de lucha libre con chalecos antibalas marcados con letras amarillas por la parte de atrás que decían: "US Drug Enforcement Administración", y por delante "DEA"

Uno de los hombres recién llegado que hablaba por un teléfono celular se dirigió a sus compañeros. Estos lo siguieron hacia la vivienda que en ese momento abría la puerta, para cerrarse tras el ingreso de los mismos.

Todos los allí presentes nos quedamos mirándonos la cara sin saber qué pasaba, el agente encargado de las negociaciones llamó a la casa por teléfono y tomó el aparato uno de los agentes rubios que habían llegado, identificándose como un agente especial de la agencia contra las drogas, DEA.

En ese momento comenzó a aclararse el panorama; los agentes de la lucha antidrogas estaban protegiendo a un informante estrella al que cuidaban como un diamante precioso.

El informante

Un informante en Estados Unidos es una persona que da ciertos datos clave a las agencias policiales y federales, para que éstas con esa información organicen un expediente el cual crecerá dependiendo de las evidencias que los agentes del gobierno puedan obtener en el proceso de investigación llevada a cabo por las agencias del gobierno que dedican sus esfuerzos a combatir el crimen organizado en su territorio.

Hay varios tipos de informantes, pero los más comunes son:

1) Aquel que da una información porque tiene amigos dentro de las filas del orden, y quiere mantener su ego engrandecido diciendo que trabaja para tal o cual agencia del Gobierno.

2) El informante que proporciona información conducente a la captura de algún fugitivo de la ley, o información que lleve a las agencias que imponen el orden a arrestar un individuo, o a incautar dinero y propiedades, por lo que le darán algún tipo de recompensa económica. Puedo confesar que tengo amigos que hoy son millonarios, después del pago de una recompensa de $3.000.000, millones de dólares, gracias a una información que dieron al Gobierno de los Estados Unidos.

3) El más común de los informantes en este país es: Quien ha sido atrapado a causa de algún crimen y hace cierto tipo de arreglos con el fiscal y los agentes que lo capturaron, dándoles información sobre sus cómplices en busca de alguna promesa de reducción de su posible condena.

Esta modalidad de trueque la llaman en las calles del bajo mundo, el "seguro del crimen"; mientras más grande sea el delito cometido, los sospechosos seguramente tendrán varios cómplices, y con esta información le será posible negociar con los organismos de inteligencia norteamericanos su reducción de sentencia. Esta política del sistema americano es muy criticada por la comunidad, que espera grandes castigos para los mafiosos que delinquen en sus ciudades.

Los delincuentes dicen en las calles que si alguien piensa cometer un delito de cualquier índole, el sitio más propicio es Estados Unidos por sus libertades y sistema de justicia, que en gran medida favorecen al criminal, pues el gobierno tiene que probar que ese ciudadano es culpable más allá de la duda razonable.

Cabe aclarar que de acuerdo con el sistema procesal norteamericano, en aquellos juicios en donde la decisión sobre la inocencia o culpabilidad de un individuo está en manos de un jurado, es necesario, para declarar que dicha persona es culpable, que los doce miembros del jurado estén de acuerdo con tal determinación, si solo uno de ellos tiene una opinión diferente, aunque los medios probatorios hayan demostrado que las evidencias en contra son verídicas, se entenderá que existe duda razonable y el juicio se declara nulo.

El hombre que llegó a la vivienda vigilada se llamaba Frank Infante. De nacionalidad cubana, entró a Estados Unidos en el éxodo del Mariel, cuando en el año 1980 unos 125.000 cubanos llegaron a las costas de la Florida en busca de mejor situación de vida, económica y política a causa de la represión que el dictador de ese país, señor Fidel Castro, mantiene en esa isla desde el año 1960.

En ese tiempo Cuba, con cinco millones de habitantes, envió lo peor de su país hacia territorio americano con el propósito de crearle un problema inmigratorio al enemigo número uno del comunismo en el mundo; Estados Unidos.

En esa avalancha de seres humanos que comenzó a salir de la isla, el gobernante cubano aprovechó la coyuntura para limpiar su territorio de la más baja escoria que tenía su nación, sacando de las cárceles los peores elementos para que se fueran a Miami en lo que pudieran, balsas, botes, neumáticos de llantas, y todo lo que flotara, era la oportunidad del siglo para aquellos seres que vivían en condiciones infrahumanas.

En la estampida provocada por el gobierno de la isla salieron hacia la Florida ladrones, homosexuales, enfermos contagiosos con varias enfermedades, vagos, agentes infiltrados de la seguridad castrista, terroristas y otros tantos que no mencionaremos. El gobernante cubano puso a las autoridades estadounidenses en serios aprietos, pues creó un problema que el Departamento de Inmigración de Miami no podía manejar, debido a que no estaba preparado para enfrentar este fenómeno provocado por las estrategias de un político internacional con mucha capacidad intelectual, como lo es Fidel Castro.

Frank fue uno más del conglomerado humano que inundó las calles de Miami. Cuando vivía en la Habana Cuba este hombre se pasaba el tiempo jugando dominó en un parque frente a su casa.

Todos los días llegaba al parque a las 11:00 de la mañana, donde junto a otro grupo de vagos se dedicaba a jugar hasta que llegara la hora de comer, pues en Cuba el 85% de la sociedad se dedica a robarle al gobierno y a esperar las remesas enviadas por algún familiar que tengan fuera del país, para vivir sin un objetivo específico.

Es por esta razón que cuando los isleños vienen a Estados Unidos se les dificulta la adaptación al nuevo nivel de vida, en donde hay que trabajar para proyectar un futuro en la sociedad. No quiero decir que todos los ciudadanos que vienen de cuba huyéndole al sistema de vida que impera allí tienen ese modo de proceder, pero actualmente la gran mayoría de los inmigrantes de ese país que llegan a territorio americano se convierten en delincuentes, para no muy tarde comenzar a poblar las congestionadas cárceles de esta nación.

Frank comenzó su nueva vida en Miami con $15.00 dólares que le regaló un tío, días después de obtener la libertad de una cárcel de inmigración que le estaba tramitando su documentación como asilado político. Consiguió trabajo como mensajero de un distribuidor de cocaína que había conocido en la cárcel de Krome, en Miami. Este centro de detención es administrado por los federales de inmigración para procesar únicamente a las personas que tienen problemas de documentación. Un mes después de estar trabajando para este delincuente, lo citó detrás de un almacén y lo asesinó con 10 puñaladas para quitarle el negocio de distribución de cocaína, ya por él conocido mediante los *"encargos"* que su jefe mandaba a sus distribuidores en las peligrosas calles de esa ciudad.

Esto es el narcotráfico, "te quito a ti para ponerme yo", y así sucesivamente pasará lo mismo con el nuevo criminal, o lo arrestan los oficiales que combaten el crimen o puede aparecer asesinado por la mafia de este maldito negocio de muerte.

Después de asesinar a su jefe fue donde el colombiano que le suministraba la droga a su ex patrón asesinado y le dijo:

-Señor, he venido a darle una mala noticia.

-Acostumbro a combatir lo que usted me trae con plomo en la cabeza del que viene a mi presencia con esa novedad.

-Usted es un hombre muy inteligente y si cree que eliminándome conseguirá algo bueno puede hacerlo, no me importa nada que no sea dinero en este asqueroso mundo, pero estoy seguro de que le sirvo a sus propósitos vivo.

- ¿Para qué me sirve?

-Felipe, mi jefe, se marchó a su pueblo y según sé, él le debe dinero del negocio.

-¿Cómo sabes que Felipe hacía negocio conmigo?

-Soy su mensajero, trabajo para él hace unos meses.

-¿Seguro que tú me dirás dónde está?

-En estos momentos no lo sé, pero le aseguro que si usted me da trabajo le traeré la cabeza de ese desgraciado que mordió la mano de quien le dio de comer.

El colombiano, jefe de la organización de distribuidores de cocaína miró a sus dos guardaespaldas, levantó su brazo derecho y dijo:

-Amarren a este hombre y salgan a la calle, investiguen lo que dice, si mintió mátenlo, de lo contrario tráiganlo ante mí nuevamente.

Los sicarios del colombiano se llevaron a Frank, le quitaron toda la ropa, lo ataron de pies y manos y lo guindaron de un gancho de hierro, puesto a propósito en un cuarto oscuro donde encerraban a los prisioneros que serían ejecutados por faltarle al patrón, o por deudas pendientes que tuvieran con alguna organización criminal que quisiera la muerte de algún ser humano de cualquier parte del mundo.

Al día siguiente en los círculos del crimen organizado se decía que Felipe había *"tumbado"* al jefe, huyendo con la venta de la *"mercancía"*, cocaína que el patrón le había dado para la venta. Los matones regresaron donde su jefe a una sala en la que él estaba tomando desayuno, manifestando que lo dicho por el cubano era verdad. El mafioso colombiano ordenó que lo vistieran y lo sentaran a la mesa.

-Felipe me debe dinero y destruyó el aprecio que sentía por él, ¿En qué me puedes beneficiar tú que eras un simple empleado?

-Quiero ser como usted, eso le daría un trabajador que tomaría cualquier riesgo por llegar a escalar posiciones, cosa que para otro que no tenga los cojones míos le será muy difícil.

Respondió el cubano sentado frente al jefe mafioso.

-¿Morirías por mí si es necesario?

-Si llega el momento y estoy en deuda con usted, puede estar seguro que me pondría frente a la bala que vaya en dirección a su cuerpo.

-¿Sería capaz de morir por mí, sí o no?

-No.

-Creo que tienes lo que les falta a muchos de mis empleados.

-Si me da trabajo le prometo que le pagaré la deuda que le dejó ese desgraciado al huir con su dinero.

-Suena bien tu propuesta.

-Otra promesa que haré ante los restos de mis padres es que le traeré a ese ladrón ante usted.

-¿Cuánto tiempo te tomará agarrar a ese hijo de puta?

-Deme 30 días.

-Tráeme a ese malparido, hijo de su maldita madre y te doy trabajo.

-Para matar un hombre hay que tener recursos y yo no los tengo.

-¿Cuánto quieres?

-Si le traigo a Felipe queda saldada la deuda que él tenía con usted; yo necesito cincuenta mil dólares para gastos.

-¡Este hombre está loco!

-No se gaste esfuerzo con este grupo de estúpidos que tiene a su lado que no encontrarían una mosca en un elefante muerto.

El mafioso se quedó mirando al desgraciado que había comprado su sentencia de muerte insultando todos los matones que en ese momento enfilaban su odio contra el intruso que lo escupía frente a su patrón.

-Hasta este momento cuando tengo un presentimiento no me equivoco con hombres como tú.

-Le aseguro que no lo defraudaré.

-Te daré $25.000, mil dólares, la deuda queda pagada y te ofrezco comenzar a trabajar en la misma ruta que tenía el ladrón con el compromiso que me lo traiga vivo o muerto ante mi presencia.

-Es un trato.

-Te recordaré algo. Si en 30 días no estás aquí con la basura de Felipe, al que enterraran será a otro.

Frank se la jugó, salió con $25.000, mil dólares a comprarse ropa nueva y un auto deportivo para tomar posesión de su nuevo trabajo como jefe de una ruta de compra y venta de cocaína en las calles de Miami. Después de vestirse con un traje de $1.500.00 dólares y sentarse en su flamante auto deportivo, compró una sierra eléctrica para ir en busca del cuerpo de su ex jefe, que había ocultado en unos matorrales detrás del almacén situado en la calle 7 del N. W. y la 35 avenida, en Miami, en donde lo había ocultado después que le quito la vida.

Al llegar al lugar busco el cadáver puso la sierra encima del cuello del muerto y la hizo funcionar cortándole la cabeza, tomó la parte cercenada, la metió en una caja que había llevado y se marchó dejando el cuerpo sin cabeza que unos días después fue encontrado por un hombre que avisó a la Policía sobre el hallazgo del cadáver sin cabeza.

Frank guardó su botín en el congelador de la nevera de su apartamento, esperó 25 días, ocultándose de la manera más conveniente, pues por precaución solamente salía de noche a comprar comida, de tal manera que los trabajadores del colombiano jefe del narcotráfico en el área no podían dar noticias de él a su jefe el que comenzaba a desesperarse por la falta de información del sujeto y sus $25.000.00, mil dólares

El día que se decidió a enfrentar al colombiano, sacó de la nevera la cabeza congelada, la limpió y guardó en otra caja, envolviéndola en papel de regalo; luego la depositó en el baúl de su auto, se puso el traje nuevo y salió hacia la casa de quien sería su nuevo patrón.

Cuando llego frente al mafioso dijo:

-Perdón por la tardanza, pero he cumplido con su encargo, no se lo pude traer completo porque era muy grande, pero sí le traje una parte importante, si no está conforme puede hacer lo que considere necesario.

El colombiano abrió los ojos y miró a sus asistentes un poco incrédulo por la audacia de su nuevo empleado.

-Tráiganme una de las botellas de vino más añejas que hay en la bodega para celebrar este acontecimiento.

-Me alegro que esté complacido con mi trabajo.

-Tiren esta cabeza en una calle bien concurrida y quiero que en la ciudad se sepa que yo liquidé a esta basura, así mi nombre adquirirá respeto para que a nadie se le ocurra robarme nuevamente.

Así entró Frank al negocio de las drogas en Estados Unidos, matando, que es como se escala posiciones en este oficio. Tres meses después, el cubano era un hombre respetado en la comunidad de Miami, Florida.

El cubano como llamaban a Frank comenzó a negociar con los delincuentes más temidos de Estados Unidos, hecho que lo situó en un lugar preferencial dentro del crimen organizado de Miami, ciudad que sirvió de escalón para que lo conocieran en otras plazas y extender su negocio de distribución de cocaína en el mercado norteamericano.

Frank era invitado a grandes banquetes ofrecidos por sus asociados mafiosos. Se organizó una gran fiesta en la mansión del colombiano, su jefe actual, en la ciudad. Allí conoció al jefe del colombiano, un capo llamado Pablo Escobar, uno de los mafiosos más poderosos dentro del negocio del tráfico y distribución de cocaína en el mundo, y aprovechó esa oportunidad para alardear de lo que se podía hacer si se buscaban nuevas rutas para introducir cocaína al territorio norteamericano, cosa que le gustó a Escobar.

Escobar tenía una visión del negocio con proyecciones que se creían inalcanzables, de tal forma que cuando encontraba a alguien con ambición lo tomaba en cuenta para hacer crecer su imperio en el mercado americano porque estaba sembrando en tierra firme ya que los americanos son el mayor consumidor de cocaína en el mundo.

Pablo Escobar nació en el año 1949 en, Río Negro, o Envigado, no se tiene certeza sobre cuál de los dos pueblos colombianos fueron su cuna. Sus hazañas pronto lo convirtieron en un hombre popular en su ciudad, Medellín, donde tomó notoriedad como ciudadano público cuando se postuló para la cámara de representantes por el departamento de Antioquia en Colombia.

Dedicó grandes sumas de dinero a construir obras civiles, canchas de fútbol, tendidos eléctricos, ayudó a innumerables personas de bajos recursos regalando casas y llegando a tener más poder que las autoridades.

En la ciudad de Medellín se hacía lo que Pablo Escobar ordenaba.

Todas estas actividades lo convirtieron en uno de los hombres más populares de Colombia. Para el año 1986 se calculaba su fortuna en más de 5 mil millones de dólares, sin saberse de dónde había sacado tanto dinero, pues su familia era muy pobre y él, desde niño, debía alimentarse con el producto de los robos que hacía a las tumbas en los cementerios de la ciudad, vendiendo lápidas y otros objetos que los familiares de los difuntos dejaban en los sepulcros.

De sus múltiples propiedades, la más conocida es la Hacienda Nápoles, en Antioquia, avaluada en 6 mil millones de pesos colombianos.

Poseía una flotilla de aviones, seis helicópteros, un jet de cuatro turbinas, un helicóptero especial con capacidad para 25 ocupantes, más de 200 propiedades en Estados Unidos, una colección de autos antiguos, tractores anfibios, que únicamente él podía tener por los altos costos de estas maquinarias agrícolas, un zoológico particular con especies de animales en extinción traídos de África, fue autor intelectual de los crímenes más sonados en Colombia.

El asesinato del ministro de Justicia, Rodrigo Lara Bonilla, el del candidato a la presidencia de la República: Luis Carlos Galán, el de Guillermo Cano, director del periódico el Espectador y un atentado dinamitero contra el edificio del Departamento administrativo de seguridad. DAS. Policía Federal, antinarcóticos colombiana.

En su guerra privada contra las autoridades pagaba grandes sumas de dólares a quien asesinara un policía en las calles de Colombia. Fue uno de los hombres más peligrosos del continente y por información que condujera a su captura fue ofrecida una recompensa de $200 millones de pesos colombianos.

La CIA, DEA, FBI y otros organismos federales de los Estados Unidos lo acosaron tan insistentemente que se vio obligado a entregarse a la justicia colombiana en junio del año 1991, bajo la mediación del cura Rafael García Herreros.

El Gobierno colombiano permitió al capo la construcción de su propia cárcel llamada "La Catedral" en el municipio de envigado, donde fueron recluidos, él y los miembros de su organización que se entregaron a la justicia en cumplimiento de una orden dada por Escobar.

El capo compró la mayoría de terrenos cercanos a La Catedral, asesinando a los propietarios que no querían vender, mandó construir varios túneles que fueron acondicionados para prever una salida intempestiva de su encierro en cualquier momento. Cuando en septiembre del año 1992 decidió fugarse, lo hizo en compañía de varios de sus asociados, para ese momento tenía a más de la mitad de la policía colombiana comprada.

Fue uno de los hombres más poderosos de la mafia del narcotráfico y aún con todos los millones y el poder que tuvo, el día 2 de diciembre del año 1993 murió abatido en la ciudad de Medellín Colombia por escuadrones especializados de la policía colombiana, que asesorados por espías norteamericanos lo cazaron tratando de huir por encima del tejado de una humilde vivienda.

Paradójicamente murió en la ciudad que lo vio desarrollarse como uno de los mafiosos más temidos por sus hazañas vandálicas, en su país y en el exterior.

Durante la reunión en que conoció a Pablo Escobar en la mansión de su jefe, Frank dio los primeros pasos para dar el golpe que estaba planeando contra su nuevo patrón y aprovechó para socializar con la esposa de él.

-Disculpe, ¿Su acento es de la costa?

-Soy de Bogotá.

-Su casa es muy bonita y estoy muy agradecido por su invitación.

-Perdón, pero no nos han presentado.

-Mi nombre es Adriana Quiroga.

-Frank; me conocen como el cubano.

-Ya mi esposo me habló de usted.

-¿Bien o mal...?, jajaja.

-Dijo cosas muy agradables sobre su persona.

Las colombianas son mujeres muy atentas, dulces, agradables y delicadas, de apariencia física moldeada al gusto propio, pues desde los 15 años comienzan a experimentar con la estética de sus cuerpos, molificándoles para cambiar lo que no le gusta, ellas tienen la teoría de que no hay mujer fea, lo que existe son mujeres mal arregladas y hombres pobres. Unos meses después de aquella fiesta, a las 9:00 de la noche, Frank, el cubano, se dirigió con dos de sus ayudantes a la vivienda de su jefe colombiano. Oprimió el botón de la puerta de entrada.

-¿Quién es?

Contestó desde adentro la mujer que atendía los quehaceres de la casa o servicio.

-Frank.

Dijo él, desde afuera, la empleada se dirigió donde su jefa la dueña de la casa y le dijo:

-Señora, un tal Frank llama a la puerta.

-Déjalo entrar, es amigo de la familia.

El cubano entró a la vivienda y salió a recibirlo la señora de su jefe.

-¿Cómo estás Frank?

-Mejor ahora que la veo hermosa como todos los días.

-Usted como siempre...

-Es parte de la costumbres inculcadas por mi madre.

-Cuando un hombre sabe alagar a una dama es un buen detalle.

-Gracias.

-Mi esposo no está.

-¿Cuándo regresa?

-Es posible que llegue en unas horas.

Esa era la repuesta que esperaba el cubano viendo la oportunidad que se presentó por la confirmación de que en la casa se encontraban únicamente personas indefensas, las dos niñas, la empleada del servicio, la esposa de su jefe y los dos guardaespaldas. Les hizo una seña a sus dos cómplices, estos abrieron el maletín que cargaban y sacaron unas metralletas cortas con las que apuntaron a la esposa del colombiano jefe de Frank. Todos los presentes se miraron sin entender lo que estaba sucediendo.

-¡Esto es un asalto!

En el momento un silencio invadió el recinto desde donde se encontraban para seguir diciendo Frank:

-Si se mueven mis hombres le disparan.

La mujer se quedó muda e inmóvil en mitad de la sala. Acto seguido Frank tomó unas cuerdas de nylon y con ellas comenzó a atar a la señora de pies y manos.

A los gritos de la mujer apareció la criada corriendo por el pasillo que conectaba con la cocina, rápidamente fue derribada por unos de los cómplices del cubano y atada de igual manera que su patrona, el otro hombre revisó la parte baja de la casa y subió al cuarto de las niñas, trayéndolas al sitio en que se encontraban la señora de la casa y la empleada del servicio.

Una vez atadas de pies y manos, y al darse cuenta de la situación las pequeñas comenzaron a llorar llamando la atención de los dos vigilantes que estaban en el patio, cuando éstos entraron a la casa fueron abatidos por ráfagas de ametralladoras que no provocaron ruidos fuertes debido a que las armas estaban provistas de silenciador.

-Quiero que se callen para que escuchen con atención lo que voy a decir pues no lo voy a repetir.

Dijo el cubano quien dirigía la operación de secuestro en la casa de su jefe.

-Por favor le daré lo que quiera pero a las niñas no les haga daño.

Se apresuró a contestar la dueña de casa. La señora se daba cuenta de lo que podía pasar, y continuó implorando por sus pequeñas que estaban muy asustadas, la empleada del servicio se limitaba a llorar desconsoladamente por temor a morir, el cubano era el único que hablaba y sus sicarios cumplían las órdenes impartidas por él que controlaba la situación.

-Creo que nos vamos a entender, si usted me dice dónde está el dinero le salvo la vida a sus niñas, de lo contrario mataré a una de ellas de un balazo en la cabeza para que su muerte sea sin dolor.

-Mi marido no tiene dinero en la casa.

-¿Señora usted cree que esto es un juego de adivinanzas?

Sin dirigirle ni siquiera la mirada a la señora, Frank se levantó del asiento que estaba al costado de donde se encontraban las niñitas, tomó a una de ellas que contaba con cinco años de edad por su linda cabellera color oro, sacó del bolsillo derecho una pequeña pistola calibre 22, la puso en la cabeza de la niña y torció su rostro hacia el techo para evitar que si salía sangre ésta no lo salpicara, apretando el gatillo, ¡Plot!, chasqueó el arma que el destino había reservado para acabar con la existencia de una pequeña víctima inocente, que nunca sabría por qué el mundo al que había venido a vivir la expulsaba de semejante forma, salvaje, cruel y despiadada.

La dueña de la casa y madre de la menor viendo lo que acababa de pasarle a su hija no pudo aguantar la presión y se desmayó. Frank se dirigió a la joven que hacía los trabajos domésticos en la casa:

-No se preocupen que la señora despertará en unos momentos, ahora te toca a ti decir lo que sabes, de lo contrario tú serás la próxima.

-¿Qué quiere saber?, ¡le diré todo pero no me mate por favor!

-Se lo preguntaré por última vez. ¿Dónde esconde la droga tu patrón?

-Hay un sótano, se entra por una puerta pequeña que está al lado del baño del cuarto de los señores. Creo que allí está lo que buscan.

Sin decir más, los acompañantes del cubano se dirigieron inmediatamente al cuarto principal de la casa en busca de la puerta del escondite donde la joven suponía que estaba el botín de su jefe. Al abrir aquella puerta secreta quedaron maravillados, encontraron 200 kilos de cocaína, una caja fuerte con $8. millones de dólares y prendas, cadenas de oro, relojes chapados en oro, valorado en más de un millón de dólares.

Ya los moradores de la casa no le servían de nada a Frank; empuñó nuevamente la pistola, la puso en la cabeza de la señora y apretó el gatillo asesinándola en el acto de un solo tiro, luego procedió a hacer lo mismo con la niña que quedaba viva y la joven empleada del servicio.

Para dar el golpe definitivo esperó a que llegara su jefe, el colombiano. Este al descender de su flamante Mercedes Benz y entrar a su casa, se dio cuenta que algo no estaba bien pues tenía dos hombres apuntándole con armas largas que no eran empleados suyos. Al día siguiente los programas de radio y televisión daban a primera hora la noticia sobre la masacre de una familia colombiana en el centro de Miami.

En tres años Frank tenía en su poder más de $3. mil millones de dólares.

Esta bonanza la obtuvo este criminal producto del robo, asesinato y venta de drogas en los Estados Unidos pasando luego a incursionar en el mercado de armas de fuego, negocio que desarrollo con los representantes en territorio americano de los guerrilleros de las Fuerzas Armadas Revolucionarias de Colombia, las FARC.

La venta de cocaína en las calles de las ciudades norteamericanas le dejaba grandes ganancias, llegando a dominar el mercado en los puntos más importantes de Nueva York, California, Chicago y otras grandes ciudades.

El cubano se convirtió en un hombre poderoso y apreciado por políticos y comerciantes. Además era la adoración de las mujeres más hermosas en casi todos los Estados de la Nación Americana, ellas hacían lo que el capo dijera que debía hacerse y colaboraban con las redes de prostitución establecidas por el mafioso para reclutar niñas, niños, mujeres y hombres atraídos por la cantidad de dinero manejada en los negocios de Frank.

La agencia contra las drogas, DEA, y el FBI comenzaron una operación encubierta para atrapar a este pez gordo del tráfico de cocaína en el sur de la Florida. Se decidió que la forma más adecuada y fácil de lograrlo consistía en infiltrar un informante dentro de su organización, el infiltrado debería ganarse su confianza y obtener la mayor cantidad de información posible sobre los negocios turbios del mafioso, con el objeto de que después testificara en la corte en contra del poderoso hombre del círculo financiero de Miami.

Un detective privado le comunicó a la DEA que él tenía una amiga que podía presentarlo con el capo para proponerle negocios de comprar cocaína a gran escala, siempre y cuando el gobierno de Estados Unidos aportara los recursos financieros para adelantar transacciones pactadas con el mafioso.

Las agencias federales aunaron esfuerzos y convencieron al Departamento de Estado para que desembolsara los recursos e iniciativa que fue aprobada, dando así inicio a la investigación y encauzamiento del narcotraficante más temido del Estado de la Florida. El investigador privado comenzó a hacer negocios con el capo bajo la supervisión de un escuadrón de agentes del gobierno de los Estados Unidos. Las agencias federales querían la cabeza de este mafioso por las siguientes razones:

1) La DEA, por la cantidad de cocaína y drogas que controlaba en el mercado americano.
2) El FBI, por el tráfico de armas que mantenía con movimientos guerrilleros de sur América dirigido por las FARC, en Colombia.

Todo marchaba bien, el investigador privado estaba haciendo un trabajo excelente pues continuaba acumulando evidencias para que el gobierno de Estados Unidos lograra sacar de circulación a uno de los mafiosos más temidos y poderosos del crimen organizado. El informante del gobierno se convirtió en la mano derecha del mafioso, de esta manera fue descubriendo todos sus negocios, los lugares donde tenía acumulada su fortuna en dólares y prendas preciosas que se dedicó a almacenar por si algún día pasaba algo.

Este modo de proceder es característico de los criminales que invierten sus fortunas en joyas, autos deportivos y grandes mansiones, todo respaldado con documentos falsos suscritos por vendedores de bienes raíces y testaferros que se prestan para el juego por ganarse unos dólares.

Estas descomunales riquezas son confiscadas por el gobierno al momento en que los delincuentes son arrestados. Cuando el arresto del cubano estaba próximo a efectuarse, un policía corrupto de la ciudad de Miami le vendió al traficante la información por la suma de $300 mil dólares, le dijo que sería arrestado por un informante que se había infiltrado dentro de su organización y para más señas, le proporcionó el nombre del investigador privado.

Frank compró una moto sierra en una tienda especializada en toda clase de equipos para ferretería, invitó a su amigo, el investigador infiltrado y a uno de sus guardaespaldas de confianza a una cabaña que tenía en las afueras de la ciudad, su guardaespaldas le ayudaría con el propósito de acabar con la vida del "soplón", como llamó al informante cuando se enteró de la trampa que estaba preparándose en su contra.

Frank tenía su propiedad, situada en las afueras de la ciudad, destinada para hacer grandes fiestas.

A su cabaña, edificada en lo profundo de la naturaleza y rodeada de matorrales, sólo era posible llegar por una carretera que él había hecho construir y que era vigilada por cámaras ocultas que controlaban todo el trayecto por si algún intruso indeseable se le ocurría acercarse a su finca en clavada en la maravillosa fauna pantanosa, con la vegetación más espesa y agreste de La Florida.

Cuando el investigador privado llegó a cumplir con la amable invitación de su patrón, el esbirro de Frank le propinó un tiro en la columna vertebral con una pistola calibre 22, se trataba de impedir que pudiera levantarse o sostenerse sostenido por sus piernas.

El cubano y su sicario inmovilizaron a su víctima y procedieron a abrirle la boca a la fuerza para agarrar su lengua con unos alicates y cortarla de raíz con una cuchilla, terminada esta macabra operación, la repitieron con los 10, dedos de sus pies, uno por uno, fueron siendo cortados con aquella sierra que tenía un ruido cavernícola de terror que dejaba un eco en aquella zona montañosa despertando curiosidad hasta en los animales salvaje que abundaban por los alrededores de aquella propiedad.

Después de este ritual, durante el que tuvieron atado al informante a una mesa que normalmente era usada para celebrar grandes banquetes, tomaron nuevamente la sierra para cortarlo vivo en pedazos, tratando de que el pobre hombre muriera lentamente.

Terminada la carnicería humana diseminaron los trozos del cuerpo en diferentes lugares del parque natural que circunda la casa, en el que abundan animales salvajes, y esperaron a que las fieras devoraran la carne del que fuera la mano derecha del cubano en el negocio de cocaína y tráfico de armas.

Días después de la desaparición del informante estrella del gobierno americano, Frank fue arrestado junto a todo su personal. Los federales estaban muy interesados en saber si Frank había tenido algo que ver con la ausencia o muerte del investigador privado y comenzaron a interrogar al personal que trabajaba con el mafioso.

Kelvin Rodríguez, uno de los trabajadores de Frank, dijo a los federales que si le otorgaban inmunidad él contaba lo que había sucedido con el investigador privado.

Le ofrecieron el beneficio de tiempo cumplido y una nueva identidad que consistía en darle un pasaporte americano con otro nombre y reubicarlo en un pueblo del país donde le darían un sueldo por dos años, una casa y un auto, tiempo suficiente para que él se readaptara nuevamente a la sociedad.

Kelvin relató a los fiscales federales lo que había sido de la suerte del investigador, éstos iniciaron la búsqueda de los pedazos del cuerpo diseminados en el parque y efectivamente fueron encontrándolos, unos descompuestos, otros destrozados por los animales salvajes, aparecieron también huesos, que después de ser analizados en el laboratorio a cargo del Departamento de Criminología de Miami, pudo comprobarse que pertenecían a la víctima.

Kelvin, despiadado asesino y cómplice de uno de los mafiosos más temidos de la Florida, el cubano, Frank, fue premiado por el gobierno de Estados Unidos por tener un seguro del crimen organizado, lo que comúnmente se denomina "información por libertad"

Con el testimonio de su ex cómplice, Frank fue condenado a 150 años de cárcel por una corte de Miami, Florida, la esposa del investigador asesinado y sus dos hijos, en declaraciones al periódico de mayor circulación de la región, El Miami Herald, manifestaron que no estaban de acuerdo con la decisión de los fiscales que decidieron a hacer un trato con uno de los asesinos de su esposo y padre, para premiarlo con la libertad.

Sus reclamos cayeron en oídos sordos, como dice la leyenda, todo pasó demasiado de prisa, el tiempo comenzó a borrar los acontecimientos de aquel acuerdo de perdón a uno de los asesinos cómplices de Frank.

Unos siete meses después de aquel hecho, Frank se acogió a lo que los delincuentes en Estados Unidos utilizan para salir de la cárcel, el seguro de delincuencia a cambio de información. La información dada por el asesino del investigador privado a la DEA y al FBI fue tan completa que haciendo uso de ella fue posible arrestar a narcotraficantes y delincuentes en toda la nación y varios países.

El abogado de Frank argumentando la importancia de la información suministrada por su cliente al gobierno, solicitó a los fiscales reducción de la condena por cada arresto que ellos hicieran efectivo, sin embargo, en ese momento aún no se había decidido cuáles serían los beneficios que obtendría el cubano. Los fiscales y los federales siguieron arrestando políticos, comerciantes, policías e incautando grandes cargamentos de cocaína en Latinoamérica gracias a la información suministrada por Frank a las agencias investigadoras.

Tres meses después de que el abogado defensor de Frank comenzó a negociar con las autoridades la rebaja de condena para su cliente, los fiscales acordaron con la corte que dada la calidad de la información suministrada por el convicto, la cual había permitido realizar múltiples arrestos y condenar a muchos criminales en cárceles americanas, la condena de Frank debía reducirse de 150 años a 30 años, cosa que los jueces aceptaron y la sentencia fue reducida en la cuantía solicitada por los fiscales.

El seguro de delincuencia hábilmente utilizado por Frank y sus abogados continuó dando resultados positivos para el reo, dos años después de la primera reducción de sentencia, fue así como los fiscales americanos hicieron un acuerdo con la defensa de Frank y le concedieron el beneficio de "tiempo servido"

Frank salió de la cárcel sin hacer mucho ruido y comenzó a vivir con su padre, contando con la protección de los agentes federales que lo cuidaban como si fuera una especie de tesoro. Este mafioso recibió el mismo trato dado a miles de criminales, que el día de hoy gozan de libertad y protección federal por tener lo que en las calles se llama el "seguro del crimen".

Mientras, más haces y más sabes, tienes tu seguro activo por si la suerte te abandona y caes en mano de la ley americana, que tiene un atractivo muy especial para los peores delincuentes.

Los criminales de carrera recomiendan que si algún día a alguien se le ocurre cometer un crimen, el mejor país para hacerlo es Estados Unidos, donde los criminales más temidos del planeta tienen su seguro del crimen, lo que les permite regresar a las calles luego de delinquir como si nada hubiera pasado.

Los periódicos del país hicieron eco de la noticia sobre cómo un hombre que había asesinado y descuartizado a un informante del gobierno americano y que tenía una sentencia de 150 años de cárcel estuviera nuevamente en las calles de Miami. La esposa del investigador privado asesinado por Frank dio declaraciones a los noticieros y el escándalo creció, el Departamento de Estado en Washington designó un grupo de agentes para que hicieran una investigación de los procedimientos que habían llevado a Frank a la libertad.

Las declaraciones que se obtuvieron de Frank, llevaron a los agentes del servicio secreto a efectuar un nuevo arresto, el del peluquero de mi clienta, quien tenía una relación amorosa con el informante del gobierno ya que éste en la cárcel se convirtió en homosexual.

Los reos que pasan más de un año en prisión y se toman el jugo que suministran en algunas cárceles para bajar la potencia sexual, generalmente salen de su reclusión con costumbres sexuales diferentes a las normales. Frank confesó que su amor, el peluquero, tenía un juego con la artista y que la última nota del juego él se la había dejado a la artista, nuestro cliente, por orden del peluquero, fue por esta razón que aparecieron las huellas de Frank en la escena en donde se dejó la nota en el casillero de correos de nuestro cliente.

Cuando las agencias federales se dieron cuenta de quién era el sospechoso de las amenazas a mi cliente se inició lo que ellos llaman "consultas internas", entre las dos organizaciones del gobierno americano.

La DEA tenía un informante estrella, a quien protegía por los valiosos informes que este hombre daba a su organización, pero el servicio secreto lo solicitaba para interrogarlo sobre las amenazas a mi cliente. Las dos agencias se peleaban entre ellas, siendo esto un incentivo para que la batalla se filtrara a la prensa.

El peluquero fue capturado y confesó todo sobre la especie de pacto que tenía con el diablo y el ofrecimiento del cuerpo de mi cliente para el infierno.

Dijo que en una ocasión el diablo le había ordenado cortar el cuello a mi cliente cuando le estuviera arreglando el pelo, pero ese día mi cliente le cambió el turno para la próxima semana, lo que hizo que el diablo siguiera con la petición anterior que consistía en morir los dos al mismo tiempo. El estilista confesó que en un descuido de mi cliente él había copiado los números de tarjetas, el carnet del seguro social, la licencia de conducir y otras identificaciones de ella.

Después de haber cerrado este caso, mi asistente Alex tiene mucho cuidado con quien le corta el cabello, pues las calles están llenas de locos con apariencias inofensivas. El peluquero fue recluido en un hospital psiquiátrico de donde salió un año después para reintegrarse a la sociedad alegando haberse curado. Sigue trabajando como peluquero hasta que le corte el cuello a alguna de sus clientes.

Soy la preferida

Nos concentramos en buscar la forma de hablar con Norma, la amante de Mario, para estar completamente seguros de que el hombre desaparecido no estaba durmiendo en su casa. Comenzamos a idear un plan de cómo entrar a la casa de Norma, Alex mi asistente se encargaría de este trabajo.

Esperamos en el auto a que Norma llegara con su niña al apartamento días después de haberla encontrado, siendo precavidos ya que teníamos a Petra, la señora de la silla de ruedas espiando por la ventana todos los movimientos que pasaban al frente de su edificio y no queríamos que nos viera, puesto que en muchas ocasiones estos informantes trabajan en dos direcciones.

Cuando vimos que Norma llegaba al apartamento, Alex bajó del vehículo para comenzar el trabajo que la llevaría a espiar dentro de la vivienda de la mujer. Alex se preparó con una mochila donde llevaba todo el material necesario para poder ingresar al lugar. Tocó la puerta y escuchó los pasos de la dueña de casa acercándose a la puerta para abrirla.

-¿Diga?

-Perdone la molestia, estamos regalando estos tres tubos de pasta dental para que los pruebe y después, si se anima o le gusta, compre el que sea de su agrado.

-Muchas gracias.

En ese momento se acercó la niña a la puerta, cosa que estábamos esperando según nuestro plan trazado.

-¡Ah!, ¿usted tiene niños?

-Sí, es mi hija, tiene cinco años.

-Déjeme ver que tengo para su hijita.

-Hija, dile tu nombre a la señorita.

-Mi nombre es Vicky Henao y estoy en la escuela.

-¿Me permiten llenar con ustedes un pequeño cuestionario?, Con la finalidad de que entren en un sorteo donde se ganarían si salen agraciadas un fin de semana con todo pagado en Walt Disney.

-Pase por favor, perdone si encuentra muchos juguetes tirados por ahí, es que acabamos de llegar de la escuela.

-No se preocupe, que no le quitaré mucho tiempo.
Alex dio una mirada rápida al interior del apartamento y se acomodó cerca de una mesita donde había algunos cuadros con fotos de la familia.

La sala de la vivienda estaba muy bien decorada, con muebles acolchados que hacían juego con los cuadros tropicales que adornaban la pared.

-¿Desea algo de tomar?

-Sí, agua o algún refresco, se lo agradecería, este clima está muy caluroso.

Inmediatamente Norma dio la espalda para buscar en la nevera o refrigerador alguna bebida, mi asistente sacó un juego de muñequitas que habíamos comprado en una tienda donde cualquier artículo vale un dólar y se lo entregó a la niña, que quedó encantada con el regalo.

Alex dio un vistazo rápido y entre los pequeños cuadros que vio en la mesita, se fijó en la foto de Mario junto a Norma, luciendo una de sus mejores sonrisas, la tomó y la introdujo en la mochila, sin que la niña pudiera notar que le estaban intercambiando el retrato de sus padres por una muñequita de muy poco valor. Alex le llenó un pequeño cuestionario, en compañía de Norma, que habíamos elaborado para esos fines, se tomó el refresco que le trajo la dueña de la casa y le hizo todas las preguntas que se le pudieron ocurrir, y como ya teníamos suficiente, podíamos ir al grano y arriesgarlo todo. Alex pregunto:

-¿Está casada?

-No, pero es como si lo estuviera, mi pareja y yo nos amamos y tenemos un fruto de ese amor, Vicky, mi pequeña.

-¿Cuál es el nombre de su compañero?

-Mario Henao.

-¿Cuánto tiempo llevan juntos?

-Unos siete años.

-¿En qué trabaja él?

-Tiene una compañía dedicada a la construcción y decoración.

-¿Usted trabaja?

-En estos momentos, no.

-¿Su marido está?

-No

-¿Él tarda mucho en llegar?

-Usted sabe cómo son esos trabajos, hay días que llega tarde, otros temprano, no tiene hora de llegada.

-¿Vicky debe ser su adoración?

-Sí, lo primero que hace cuando viene es preguntar por la niña.

-¿Él es muy amoroso con ustedes?

-Él nos adora, somos su vida.

Norma dijo aquellas palabras y sus ojos comenzaron a dilatarse, al punto de desahogarse llorando. Alex se hizo la tonta para agregar.

-¿Dije algo malo?

La mujer no pudo contestar, sus lágrimas ya estaban brotando copiosamente.

-¿Pasa algo señora Norma?

-Perdone, es que hace varios días Mario no viene a vernos, pienso que algo le está pasando y no puedo hacer nada ya que él es casado.

Las dos mujeres se fundieron en un abrazo, Norma dejó brotar sus lágrimas y Alex aprovechó para ganar la confianza de aquella desesperada mujer.

Para mi asistente no fue difícil grabar toda la conversación sostenida durante la corta visita que le hizo a Norma.
Nos marchamos del área que estábamos vigilando para hacer un reporte y llamar a nuestro cliente, la señora Vicky Henao.

-Vicky la necesito en mi oficina para que tratemos algunos asuntos de su caso.

-¿Encontraron a mi esposo?

-No.

Según nuestra conversación con Vicky, ella y su esposo eran una pareja estupenda, con una vida organizada y con muy pocas posibilidades de que entre su relación hubiera otra mujer, pues Mario era un hombre de su casa, nunca salía de noche, los fines de semana los pasaban juntos, ella estaba muy segura de que no había otra persona en la vida de su esposo.

Cuando llegó a nuestra oficina para recoger el reporte que habíamos hecho sobre lo investigado en el caso, fuimos directo al grano.

-Señora creemos que su esposo tiene otra mujer.

-No se gasten el tiempo buscando mujeres en nuestras vidas, pues si de algo estoy segura, es de que mi esposo únicamente tiene ojos para mí, él es limpio y fiel.

Nuestro cliente había llegado a la oficina un poco desarreglada, quizás por el momento que estaba atravesando lo que me da la razón cuando digo que no hay mujeres feas, sino mal arregladas. Aquellas mujeres que se maquillan y se ordenan antes de salir de su casa tienen un mayor atractivo, las que se descuidan de su aspecto y parecen brujas salidas de sus escondites, faltándoles únicamente la escoba para que vuelen, tienen mayor probabilidad de que sus esposos las dejen por otras.

Vicky era un ser privilegiado por la naturaleza porque conservaba los rasgos característicos de una hermosa mujer, pero su abandono la hacía ver algo desmejorada.

-La dejaré sola en mi oficina para que lea el reporte. Esta grabadora es para que escuche las cintas, dentro del sobre hay algunas fotos que quisiéramos que veas para que se convenza de que su marido, además de usted, tiene otra mujer.

-¡Dígame que usted está jugando!

-En mi trabajo no se puede jugar con la verdad, la vida nos da sorpresas y tenemos que resignarnos o aceptarlas.

Lo más aconsejable cuando una persona va a recibir una noticia fuerte, es ganar tiempo, comencé a hablarle, mirándola fijamente a los ojos.

-Antes de comenzar a ver la evidencia que le dejaré, quisiera que me escuchara por un momento.

La mujer dejó todo sobre el escritorio, no por escucharme, más bien por no enfrentarse a lo que estaba comprendiendo era un hecho, la infidelidad de su esposo, el que creía un hombre ejemplar decidiendo ponerme atención a lo que le diría.

-En la relación de pareja hay que estar muy atentos al deterioro que se produce con el tiempo. Así hablaban los pastores de una iglesia protestante que me gustaba frecuentar en mi país, soy católico con conceptos espirituales muy desarrollados, pero los pastores de aquella iglesia daban unos sermones tan conmovedores que algunos sábados asistía a su templo para escucharlos.

-¿Qué tienen que ver sus pastores ejemplares con mi caso?, no entiendo absolutamente nada de lo que quiere decirme.

Tenía que ganar tiempo, pues notaba a Vicky fuera de control, cambiando continuamente de postura en el asiento donde estaba sentada. Cuando los seres humanos tenemos miedo o estamos nerviosos, fácilmente perdemos la concentración, lo que no nos permite organizar bien nuestras ideas.

-Quisiera que me deje terminar para que pueda ver cuál es mi punto.

-Adelante, tómese su tiempo.

Agregó Vicky dejando ver un síntoma de descontrol en sus palabras.

-El pastor hablaba de su vida conyugal, destacando los logros que había tenido su matrimonio de 30 años donde tanto él como su esposa habían sido fieles; eso lo decía con tanta firmeza que yo salía convencido de que así era, igualmente su mujer daba sermones dignos de admirar sobre todo para las mujeres que la escuchaban.

-Los feligreses aplaudían aquellos sermones que eran ejemplo a seguir en la vida matrimonial y al salir del templo las mujeres hablaban de los virtuosos pastores a sus esposos.

-Sigo sin entender qué busca usted hablándome de sus pastores.

Intervino Vicky un poco desesperada por mi elocuente historia.

-Tenga paciencia y déjeme terminar.

-Trate de terminar rápido, estoy muy nerviosa.

-Un año después de mis visitas a la iglesia protestante, estando en Puerto Rico hospedado en el hotel Caribe Hilton, salí al lobby del hotel donde me encontraría con un amigo que pertenecía a unos de los 24 servicios de inteligencia que tiene Estados Unidos, hablaríamos sobre un asunto de espionaje que él me ofrecía en Sur América.

El ambiente de confort y amabilidad que se encuentra en los hoteles de este tipo, le da al visitante mucho ánimo y lo llena de energía, es por esa razón que siempre sugiero a mis clientes unas cortas vacaciones para gozar de esos pequeños regalos que da la vida. Los espías tienen una vida rodeada de glamour y comodidades, aun sabiendo que este tipo de trabajo es muy delicado debido al constante peligro de muerte que nos asecha.

-Me encontraba por el área de los ascensores.

Continué mi relato.

-Cuando sonó el timbre anunciando la llegada de un huésped, mis instintos me impulsaron a girar la cabeza hacia los personajes que acababan de salir del ascensor.

-Termine por favor.

Intervino mi cliente casi perdiendo el control.

-Recibí una enorme sorpresa al darme cuenta que la pastora de los sermones de honestidad estaba en aquel hotel. Invité a cenar a mi amigo pasando al restaurante que estaba cerca del salón donde estábamos para hacer un paréntesis en nuestra animada conversación, y di un vistazo al lobby del hotel en busca del pastor que me había inspirado con sus discursos de amor y felicidad. Detrás de la mujer salió un joven de mi pueblo al que conocíamos como "el eterno enamorado"; es uno de esos muchachos que usa la técnica del diez por ciento que consiste en enamorar a 100 mujeres en busca de que mínimo 10 le digan que sí, esto da muy buenos resultados para aquellos hombres que sólo buscan tener placer sexual.

-Luis era un hombre delgado

Continué con mi historia, siempre sin perder de vista a mi cliente.

-Con poco atractivo físico pero con mucho verbo, hablaba hasta por los codos diciendo cosas bonitas a todas las mujeres, no importaba quién fuera; con la teoría del enamorado del barrio había conquistado el corazón de la mujer religiosa que todos considerábamos impenetrable, esa dama era hermosa, él le dijo lo que nadie se atrevía a decirle por respeto a sus investiduras, sus palabrerías llegaron a lo más profundo de su ser, haciéndola retroceder, mostrando su flaqueza dentro de su corazón.

-¿Pero qué tiene que ver conmigo la historia de esta gente?

-El punto es que la mujer que nos daba sermones de respeto y fidelidad sobre cómo se debían hacer las cosas, estaba teniendo sexo a escondidas con el mayor conquistador de mi comunidad. Los perfectos eran tan imperfectos como todos.

-Me paré del asiento, pues quería que me viera y me dijera cualquier mentira o asumiera alguna defensa, para que combatiera lo que mi mente quería confirmar y no romper el recuerdo maravilloso que albergaba mi corazón de haber encontrado una pareja perfecta en el mundo de los imperfectos. Ella se acercó dónde estaba con mi amigo, el espía y me dijo:

-¿Cómo está Martínez?

-Muy bien.

Respondí mirándola fijamente a sus ojos buscando algo que había desaparecido por completo en el rostro de aquella interesante dama.

-Hoy es un día especial en mi vida y quisiera ser invisible.

-Puede estar segura de que yo no la he visto.

La mujer se marchaba pero regreso para decir:

-La mejor forma de resolver un problema es ir derecho a él y con usted no me equivoqué.

-Fue la mejor decisión, usted misma me enseñó que la mentira no conduce a nada.

La dama se retiró de mi presencia sin decir una sola palabra después de dar media vuelta para alejarse caminando como siempre lo hacía, su andar siempre fue encantador porque lo hacia dejando descansar sus glúteos en cada pisada

-Mi educadora evangélica se marchó con su amante, mi amigo quedó confundido, pensó que la predicadora era una agente encubierta por la conversación confusa y rápida que tuvimos delante de él, preguntándome inmediatamente ella estuvo a una distancia prudente:

-¿Para qué agencia trabaja esa dama?

-Trabaja para Dios.

-No entiendo.

-Hay cosas en la vida que por nuestro bien es mejor no entenderlas.

Mi amigo seguía tan confundido que lo mejor era cambiar de tema, ya que no iba a comprender lo que allí pasaba.

-Esa era una loba disfrazada de oveja.

Juzgó Vicky media enfadada porque mi historia nada tenía que ver con la situación que ella estaba pasando.

-La dejaré sola para que vea lo sorprendente que es la vida.
Cerré la puerta, pensando que con aquellas pruebas destrozaría el corazón de un ser humano que se pasó parte de su vida engañada por las imperfecciones que poseemos los seres terrenales.

Pasaron 15 minutos y no se escuchaba ruido alguno. Caminé hacia el cuarto de control de mi oficina, que es un pequeño recinto equipado con todos los adelantos de la tecnología, ahí grabábamos conversaciones y filmábamos con cámaras secretas por circuito cerrado. Desde aquel cuarto podía ver, escuchar y grabar todo lo que pasara durante cualquier entrevista que mi asistente mantuviera en la oficina.

Encendí los controles para ver qué hacía mi cliente con las pruebas que le había proporcionado sobre su marido, el desaparecido.

Los monitores mostraron a la señora Vicky recostada en mi escritorio con la cabeza entre los brazos, en ese momento pensé que la mujer se derretía en lágrimas al descubrir la traición de su adorado y fiel esposo. Decidí dejarla para que se desahogara, pues en las oficinas de los detectives privados los clientes lloran más que en cualquier otra consulta. Minutos después de haber dejado a mi cliente llorando por el hallazgo que había hecho, me levanté del escritorio para apagar el monitor, en ese momento quedé sorprendido al ver en la pantalla a Vicky desangrándose encima de mi escritorio.

Encendí un botón de alarma que conectaba al teléfono, 911, la línea de la Policía o de emergencia, corrí hacia mi oficina chocando con Alex por el pasillo que traía una pistola en la mano creyendo que Vicky me estaba atacando.

Caímos uno encima del otro, mi asistente abrió los ojos para decirme:

-¡Qué diablo pasa aquí!

Me incorporé del suelo dejando a Alex con una tremenda confusión, al llegar a la puerta de mi oficina accioné la cerradura para abrirla, pero me llevé una gran sorpresa al darme cuenta de que Vicky había cerrado la puerta con seguro, poniendo incluso una silla como soporte detrás de la puerta.

Hice todo lo posible por derribar la puerta, por último se me ocurrió tomar la pistola que tenía Alex en sus manos para disparar a la cerradura, y así poder rescatar a la suicida encerrada en mi oficina.

No había otro final que no fuera el suicidio para el drama de la existencia de aquella mujer. Cuando apunté al cerrojo de la puerta pensé que podía agravar la situación, pues los disparos con seguridad le darían a la mujer. En ese momento llegó un policía que al verme con la pistola en las manos sacó la suya y me ordenó que soltara el arma, giré mi cuerpo y el policía gritó angustiado:

-¡Drop the gun!, (¡Tire el arma!), ¡Get down!, (¡Tírate al suelo!). Solté la pistola con el corazón en la boca, pensé que este policía me mataría al no saber qué pasaba; lo más importante para él era que las armas de fuego fueran manejadas por una sola persona.

Ya con la pistola en el piso me dispuse a tirarme al suelo con las manos hacia arriba para tranquilizar a este hombre de la ley, que por poco me manda a la otra vida en mi propia oficina.

En Estados Unidos se han dado casos donde un dueño de casa llama a la policía porque encontró que su vivienda fue robada, los policías llegan nerviosos y le meten un tiro a lo primero que se mueva. Ya me había sucedido en mi casa cuando un día llamé a la policía y al momento en que entraron los uniformados me apuntaron con sus armas creyendo que yo era el ladrón, como en algunos acontecimientos estas son las excepciones a las reglas.

El policía procedió a alejar con la punta de su zapato la pistola que yo había soltado.

Alex tenía sus brazos en alto, al darse cuenta que pudo perder la vida por el nervioso policía que había estado a punto de dispararle al pensar que cuando yo giré mi cuerpo iba a accionar mi arma. Una vez el policía hubo revisado mis documentos le expliqué brevemente lo que sucedía.

El uniformado trató de tumbar la puerta sin resultado alguno, fue necesario que los bomberos llegaran con un equipo especial para abrirla, detrás de esta decisión estaba la posibilidad de salvar la vida de una hermosa mujer que creí no tenia otra salida diferente. Solo quería morir.

Vicky había tomado el cortapapel que estaba en mi escritorio y se cortó las venas de las muñecas, después se lo clavó en el pecho.

Cuando los paramédicos la llevaban para auxiliarla y salvarle la vida en el hospital, me invadió un gran sentimiento de culpa por haberla dejado sola con las evidencias abrumadoras que la enloquecieron por un momento, pero así es la vida, en un instante puede cambiar todo y nosotros no podemos evitarlo.

La policía tomó el video donde se podía observar a mi cliente Vicky haciendo uso del cortapapel para acabar con su vida.

Seguimos investigando a Mario, el hombre desaparecido, mientras Vicky se recuperaba en el hospital Jackson Memorial, de la ciudad de Miami, amarrada a una cama en el Departamento de Psiquiatría; ella había atentado contra su vida y era considerada una paciente peligrosa.

Por aquellos días decidí visitar a Norma, la amante de Mario.

-Quiero conversar con usted sobre Mario.

-¿Él me mandó alguna noticia con usted?

-¿Cuándo fue la última vez que él vino a su casa?

La dama se sintió un poco tímida o precavida para seguir hablándome por lo que tuve que contarle el cuento completo para lograr que hablara abiertamente con mi persona.

-No sé en qué problema se encuentre este hombre, hace más de un mes que no viene ni llama.

-¿Sabía que Mario es casado y está desaparecido?

-Lo de casado para mí no es una sorpresa, yo sé de su estado, pero; ¿Cómo es eso de que está desaparecido?

-Tengo una empresa de investigación, la esposa de Mario, Vicky, nos contrató para que lo encontráramos, la investigación no ha adelantado mucho, pues hasta el momento no hay rastros del hombre.

-Pensé que no venía porque estaba enojado conmigo, pero eso de que está desaparecido para mí es nuevo.

-En la búsqueda de Mario, descubrimos la relación que ustedes mantenían, de esto le informamos a su esposa, quien al recibir la noticia trató de suicidarse.

-¿Cómo que trató de suicidarse?

-Ella no sabía que su esposo tenía una amante y menos una niña.

-¿Dónde está ella?

-En el Hospital Jackson Memorial, interna en el Departamento de Psiquiatría, en Miami.

-Esto tiene que acabar, la visitaré y le diré toda la verdad.

-Si quiere puedo llevarla al hospital.

-Entre, me vestiré adecuadamente y despertaré a mi hija para que vayamos al hospital.

Esto se estaba complicando, había que darle un corte radical, si Vicky quería matarse era mejor que supiera toda la verdad de la misma protagonista de su desgracia.

La niña Vicky Esmeralda tenía una sonrisa muy encantadora. Los niños son la luz del mundo, si cada persona sacara al niño que lleva dentro, este planeta sería mejor, tendríamos hombres y mujeres de bien.

Los niños son la esperanza del Universo y como están siempre plenos de deseos de vivir, pensé que sería buena idea llevar a la niña para que Vicky se contagiase de ella y desistiera de la decisión de matarse. Es muy importante darse cuenta que cada niño al nacer nos trae el mensaje de que Dios no ha perdido aún la esperanza en los hombres.

Llegamos al hospital, uno de los más grandes en Estados Unidos, nos dirigimos al Departamento de Psiquiatría, entramos al cuarto donde estaba Vicky, que en ese momento acababa de despertarse, al verme se le dibujó una mueca de agrado en su rostro, quería sonreír, pero la situación no la dejaba, pues estaba conectada por todas partes con alambres, tubos y otros instrumentos, atada con esposas a la cama, parecía un robot con apariencia humana, postrada en una cama.

-¿Cómo se siente?

Le pregunte inmediatamente entre al cuarto donde la tenían.

-¿Cómo crees?

-Me alegra mucho que haya decidido seguir con nosotros, considero que la vida es lo más importante en este mundo.

-Hay ciertos momentos en los que no vale la pena estar vivo.

-¿Lo volverá a intentar?

-Esa pregunta es muy indiscreta en estos momentos.

-Soy demasiado claro en mis cosas y nunca me han gustado las sorpresas.

-Puedo decirle cualquier cosa en estos momentos pero estoy convenciéndome que no debo volverlo hacer, fue una de esas estupideces que cuando suceden, luego producen arrepentimientos al comprender lo torpe que uno ha podido ser.

-¿Cuál será su siguiente paso, después que se recupere de sus dolencias?

-Me divorciaré, se lo dejaré a ella y seguiré hacia delante.

-Hay una cosa que tiene que estar clara, es cierto que su esposo tiene una relación con Norma teniendo una hija con ella, pero ellos no están juntos, él está desaparecido desde que dejó de ir a su casa, no crea que se fue con su amante.

-¿Cómo lo puede asegurar?

-Ella está sorprendida porque no ha vuelto a su casa tampoco.

-Me gustaría hablar con esa mujer.

En ese momento, sin que mi cliente pudiera seguir hablando, me acerqué a la puerta, la abrí y les dije a Norma y a su hija que pasaran.

-Esta señora es Norma y la niña que ve es Vicky.

Las dos mujeres se miraron no sé por cuánto tiempo, se medían como cuando los toros quieren atacarse, parecían dos boxeadores saliendo al cuadrilátero a comenzar una pelea, el momento era embrujado, no había más sonido que la respiración de los que estábamos en aquel cuarto.

El tiempo se había detenido, hasta cuando desde el lado izquierdo sonó en el espacio de la habitación un ruido celestial, la niña inspirada o manejada por algo divino entro para quedarse.

-¡Hola!

La niña había saludado espontáneamente a la enferma, sin dejar espacio a que los presentes pudiéramos reaccionar por su actitud angelical.

-Hola, ¿Cuál es tu nombre?

-Vicky, ¿Y tú?

-¡Qué casualidad mi nombre es igual al tuyo!

La mujer en cama, comenzó a llorar con una sonrisa en los labios, nunca podré ver algo tan crudo y conmovedor a la vez como aquella escena de la vida real. En ese momento pensé que siempre es tarde cuando se llora.

El poeta Ovidio decía:
"Nacemos con lágrimas, entre lágrimas transcurre nuestra vida y cerramos con lágrimas nuestro último día."

La niña, al ver llorar a la mujer, pensó que había hecho algo indebido al saludar, cambió su hermoso rostro y fue corriendo a refugiarse en las piernas de su madre, que permanecía de pie al lado mío, frente a la puerta del cuarto. Todo seguía cambiando, las mujeres se miraban sin decir palabras, las lágrimas continuaban manando de los ojos de Vicky, que inclinó su cabeza enfocando sus enormes ojos hacia la amante de su esposo.

-¿Tú no estás con mi marido?

-Lamento mucho lo que estás pasando.

-¡Esa no es la pregunta que te hice!

-Hace 37 días que no sé nada de él.

Tome la iniciativa para romper aquel silencio que se cortaba por la agresividad con que se miraban las dos mujeres.

-Vicky y yo tenemos muchas cosas que nos gustaría comprar en una tienda que vimos al entrar al hospital.

Volvió a reinar el silencio, me daba miedo sentirlo y la niña, en actitud de complicidad, ayudó con mi propuesta.

-¿Puedes comprarme una muñeca grande que vi en la vitrina?

-Vamos a ver esa muñeca.

-Gracias señor Martínez, usted es todo un caballero.

Fue lo único que se escuchó decir en aquella sala de hospital sin recordar cuál de las dos mujeres dijo aquellas pequeñas palabras de salida. Tomé la decisión de dejar a las dos damas solas, pues con seguridad tenían mucho de qué hablar. Cualquier tiempo que les diera sería corto, en ese momento me di cuenta que la niña se llamaba Vicky en honor a la verdadera esposa de Mario. Este hombre había pensado muy bien lo que haría cuando tuviera su primera hija, ponerle el nombre de su esposa, aunque fuera con otra mujer, la razón por la que no tenía hijos con Vicky, no la entendía, pero amaba a su esposa y quería honrarla.

Salí con la niña del cuarto de hospital hacia donde estaban las muñecas grandes. Ir a una tienda con un niño es algo que se lo recomiendo a cualquier adulto. Los pequeños toman la vida de una manera muy simple y fácil; creen que las cosas deben ser de ellos por la simple razón de desearlas; compramos muñecas, jugos, galletas y chocolates. La niña estaba encantada en mi compañía, lucía radiante de alegría por tener un amigo que le decía, sí a todos sus antojos.

Regresamos 30 minutos después, para ver cómo iban las cosas. Cuando entré en la habitación asignada a Vicky mi semblante se transformó, las dos mujeres habían entablado una conversación muy amena y hasta reían de sus propios comentarios. Dos mujeres que antes de conocerse tenían una gran brecha entre ellas, ahora estaban tan amigas; no podía entender qué había pasado en esa media hora que las dejamos solas, la vida tiene secretos y sorpresas, nunca podré descifrar lo que pasó, no sé qué se dijeron, qué logró unirlas tan estrechamente en ese corto tiempo.

-Señor Martínez, desde hoy está usted contratado por nosotras dos para que busque a nuestro marido.

-Tengo su contrato Vicky.

-Perdón es que estoy muy feliz porque las cosas hayan ocurrido así.

-Esto sí que es una sorpresa, no entiendo.

Dije extrañado.

-Si le contáramos la verdadera historia, se admiraría aún más.

-No quiero saber, con lo que he visto me basta.

Nunca quise indagar cuál era el secreto que existía en la vida de aquellas dos mujeres. Norma y su hija se quedaron en el hospital. Por mi parte decidí salir rumbo a mi casa, había recibido demasiadas emociones fuertes en un día, cosa que me había dejado exhausto, pero a la vez satisfecho al sentirme útil.

Mario, el esposo de Vicky, años atrás había hablado con su esposa para adoptar un niño, ya que ella no podía tenerlo, en sus conversaciones habían tocado el tema de que él buscaría una mujer que le diera un hijo y que ella no se opondría si la otra dama estaba de acuerdo.

Todo esto Mario se lo había contado a la madre de su hija, pues no quería darle un disgusto a su verdadera esposa, lo que Vicky no perdonaba a su marido era el hecho de que él no se lo había dicho.

Ya había pasado un mes y seguíamos investigando el caso de Mario el esposo de Vicky, ahora también amante de Norma. El hombre no aparecía ni vivo, ni muerto era como si la tierra se lo había tragado.

Comencé a revisar el expediente de Mario y comprobé que sus tres compañeros de trabajo no habían hablado con la policía, siendo este un buen punto de partida para encontrar a Mario, pues Vicky insistía en continuar la investigación y búsqueda de su esposo desaparecido.

Anoté los teléfonos y direcciones de estos hombres y salí a la calle con el propósito de poder hablar con ellos. Mi deber como Investigador era encontrar pistas que nos condujeran al paradero de nuestro hombre.

La primera persona que visité fue el "americano" –como le llamaba Vicky, este sujeto comenzó a trabajar con su esposo desde que iniciaron la compañía de construcción y decoración, unos nueve años atrás.

El "americano" vivía solo en un cuarto rentado, siempre estaba corto de dinero por su adicción al alcohol, las mujeres y de vez en cuando a la cocaína lo que según él, era lo mejor para recargar las baterías.

Cambiaba de mujer constantemente, tenía una dama diferente cada semana, su teoría era; para qué tener una, si había tantas a su disposición.

Hablé con la dueña de la casa donde vivía este hombre, ésta me dijo que el "americano" había dejado sus pertenencias y se había marchado, no sabía por qué ni para dónde, pero no lo veía desde hacía más de un mes.

La casera me mostró toda su correspondencia, entre ella la cuenta del teléfono celular, el sobre estaba a medio abrir, saqué la factura sin forzar la cubierta del sobre y vi que la última llamada que había hecho fue a su empleador Mario el mismo día que había desaparecido.

Si este hombre no había usado su celular desde el día de la desaparición de su jefe, él seguramente tenía que estar en la misma situación.

Por fin teníamos una luz sobre el caso, ya eran dos los desaparecidos, ahora teníamos que dar con el paradero de los dos empleados que hacían falta, interrogarlo si era posible, busqué los teléfonos de ellos y llamé al primero.

Contestó un joven de 19 años, informándome que su papá no había vuelto a casa desde que su madre había tenido una discusión con él unos días antes y tampoco había llamado.

-¿Tu padre se llevó su ropa?

-No, dejó todo, si usted lo ve dígale que llame para saber si está bien.

-El último día que tu padre durmió en la casa, ¿Recuerdas a qué hora salió para el trabajo?

-Tomó todo su equipo de trabajo y se fue, pensamos que iría a trabajar, pero nunca volvió.

Me despedí de aquel joven que seguiría esperando a su padre sin saber que quizás nunca volvería, pues yo tenía la sospecha de que estos hombres habían sido asesinados en la misma circunstancia.

Marqué el teléfono del otro empleado por cinco veces, pero nadie contestó. Me dispuse ir a la oficina, pues a estas alturas ya tenía la información de que no sólo había desaparecido Mario, sino también sus compañeros de trabajo.

Llegamos a nuestra oficina con mi asistente Alex, nos pusimos a revisar todo, comenzando por los teléfonos celulares de los desaparecidos que eran unas piezas muy importantes, ya que nos darían indicios de las últimas llamadas que habían hecho los desaparecidos.

Teníamos cuatro hombres perdidos desde hace más de 30 días, sin señas de dónde estuvieron por última vez.

Ese era el pequeño detalle; ¿Dónde estuvieron por última vez? Lo más aconsejable en este caso era revisar hasta el más mínimo detalle, para ver si se nos escapaba alguna pista importante. Comenzamos a eliminar sospechas y a observar detalles pequeños que es donde está la diferencia en una buena Investigación, concentrándonos en el trabajo de estos hombres.

Hicimos una evaluación de Vicky, por si encontrábamos alguna pista de que ella al descubrir lo que nosotros habíamos encontrado, otra mujer en la vida de su esposo lo habría mandado a matar, cosa que descartamos pues los desaparecidos eran varios y quien nos había contratado era ella, si lo hubiese matado lo normal era que se quedara callada. Reconstruimos los últimos 10 días de trabajo en la construcción y decoración realizados por la compañía, Vikingo Inc.

Mario, hasta en eso pensó, poner el nombre de su esposa a todo lo que quería o era importante en su vida, su única hija, la compañía y su perra se llamaban Vicky. Esto resultó ser un punto muy importante en la recuperación de la Señora Vicky, cuando le hicimos notar que todo lo importante tenía la letra "V" de su nombre.

Los depósitos bancarios por concepto de trabajos estaban en orden, excepto uno de $35.000 dólares, esta factura nos llamó la atención ya que había sido cancelada en dos pagos.

El primero, se efectuó para comenzar el trabajo por $20.000 dólares en efectivo, 30 días después del pago inicial, se haría el segundo pago para saldar la deuda del último trabajo que estaban haciendo Mario y sus trabajadores por la suma de $15.000 dólares que según nuestro cliente serian pagados en efectivo.

En Estados Unidos, es habitual que la mayoría de las personas cancelen con cheques o tarjetas de crédito cantidades como estas, excepto raras excepciones, en esta parte de la investigación quisimos apartar esta situación como una pista a investigar. Lo único que nos quedó por averiguar después de revisar por completo toda la documentación que encontramos en los documentos de la pequeña oficina que tenía mi cliente en un cuarto de su casa, era el último trabajo hecho por la compañía.

Había una buena pista sobre las personas que contrataron a Mario en su último trabajo, sugirieron pagar todo en efectivo, era una diminuta o muy pequeña pista pero en investigación los pequeños detalles son los verdaderos puntos de suma importancia cuando un trabajo como el que investigábamos se le están acabando las posibilidades de seguir adelante, cerrándose todos los posibles caminos. Tenía experiencia de sobra cómo opera el crimen organizado por lo que se me prendió una luz cuando descubrí los pagos en efectivo.

Vicky se estaba recuperando en su casa de las heridas que se había causado tratando de matarse. El hecho de que Mario había desaparecido y Norma, su amante no sabía nada de él, tranquilizó un poco a mi cliente, ya que no sentía que había sido sustituida por otra, una de las situaciones más duras y humillantes para una mujer.

Algunas mujeres son seres maravillosos, tiernos y apetecibles por los hombres, pero cuando se sienten cambiadas por otra mujer son capaces de odiar, matar y hasta de atentar contra su vida, como había sucedido con Vicky.

En todas mis historias siempre expongo mi punto de vista sobre las mujeres, porque en cada una veo a mi madre, una hermosa y deslumbrante mujer que sembró su amor, dejando en la tierra herencias maravillosas. Ahora después de muerta la recuerdo con mucha ternura y doy gracias de haber nacido del vientre de una mujer bendita por el embrujo de la naturaleza y su pasión por las buenas costumbres.

Mi asistente y yo seguíamos en la búsqueda de los cuatro hombres desaparecidos, fuimos a la policía para tratar de intercambiar información. En algunas ocasiones la policía tiene datos que nosotros no sabemos y viceversa. Sin embargo, ocurre que los policías son muy celosos de su trabajo, creen que nosotros los investigadores privados somos inexpertos, intrusos que entramos en una investigación para complicarles el trabajo a ellos, pero no es así, en muchas oportunidades los clientes les reclaman cosas sobre las que nosotros les hacemos caer en cuenta y esta es la razón por la que los policías se ponen en contra de los investigadores privados, porque el trabajo del policía es herméticamente cerrado hacia las víctimas o familiares, cosa que no pasa con nuestra labor.

Vicky nos dijo en cual destacamento de policía había hecho la denuncia sobre la desaparición de su esposo. Al llegar, mi asistente preguntó por el sargento Willy Cordero.

Este hombre, vestido con camisa blanca de cabeza rapada para ocultar su calvicie, tenía aspecto de luchador, su pecho ancho sobresalía en su cuerpo debido a que asistía a un gimnasio y tomaba muy en serio el físico culturismo, muchos de los que se dedican a estos ejercicios son homosexuales, pues veneran tanto el cuerpo masculino que llegan a gustar de ellos mismos, con esto no quiero decir que estoy en contra de este deporte o modo de llevar su vida.

El sargento apareció por una puerta trasera del salón donde nos encontrábamos en espera del oficial para tratar de ponernos a las órdenes y darle algo de lo que habíamos descubierto por si ellos no lo tenían.

-¿Ustedes son los sabelotodo del caso de la desaparición del esposo de la señora Vicky?

Con esta pregunta irónicamente el sargento Cordero se identificó como un perfecto idiota ante mis ojos.

-No creo que con esa actitud lleguemos muy lejos.

Le respondí enfrentando su poca cortesía y profesionalidad.

-Lo único que estoy diciendo es lo que dice la esposa del desaparecido.

-Hemos venido a presentarle nuestro trabajo porque creemos que tenemos algunas nuevas evidencias en el caso, y quizás con lo que usted sabe podemos resolver la desaparición del hombre.

Le hablé en estos términos, tratando de que abriera el canal de comunicación y me dijera que no era un solo hombre el desaparecido, pero con el sargento no había forma de hablar. Se encontraba muy molesto por la decisión de Vicky, al contratar a un investigador privado que con seguridad según él sargento complicaría las cosas y él no estaba para perder su tiempo.

Analizando brevemente la bienvenida que nos dio este representante de la ley estaba adoptando el dicho, "Ni haces, ni dejas hacer"

-¿Qué es lo que tienen, que para ustedes es nuevo?

-Hemos leído el periódico y nos dimos cuenta que en el artículo que escribió el reportero sobre el caso cometió algunos errores de apreciación.

Con esta repuesta le mandé un mensaje, si era inteligente podía darse cuenta que estaba pasando por tonto al no decir lo que tenía de nuevo en el caso.
Le faltaba cerebro no entendió mi salida rápida y elegante haciéndome pasar por el peor de los mortales tratando una investigación en aquel salón.

-No creo que por esa razón estén ustedes aquí.

-Me estoy dando cuenta que le estamos haciendo perder su valioso tiempo.

-Si no tienen más que decir, lo mejor es que demos esta reunión por terminada.

-Tiene toda la razón, fue un placer tratar con la policía.

Con mis palabras de despedidas le deje un derechazo hacia el mentón para despertarlo de su selva mental. Nos retiramos sin dar ninguna explicación al sargento encargado de la denuncia de la desaparición de Mario. Salimos de aquella oficina con deseos intensos de llegar a la calle y respirar aire puro, por lo contaminado que sentíamos aquel lugar, nos estábamos quedando sin oxígeno.

Hay policías que toman su trabajo para creerse igual que dioses, tratan a los demás como basura, pues ellos piensan que son los únicos que tienen y pueden llegar a la verdad. Nos dimos cuenta que con la policía no avanzaríamos en nuestra investigación, pues ellos los policías siempre quieren el pastel cocido cuando se le lleva cualquier informe de una denuncia para esclarecer algún hecho delictivo si es que te ponen atención como había pasado con este sargento.

Teníamos que seguir adelante, mientras hubiera un cliente que pagara por nuestro trabajo, seguiría metiendo las narices en el caso de la desaparición del esposo de Vicky y sus compañeros. La Policía, con seguridad lo había relacionado con el caso por considerarlo una escapada de su casa por cuestiones domésticas de un hombre acostumbrado a llevar una vida sedentaria con una mujer dominante y posesiva como entendieron la posición de Vicky en el destacamento policial.

Nos dirigimos hacia la casa de Vicky, al llegar nos encontramos con una mujer diferente, vestida con una falda larga de abertura hasta la cintura que dejaba ver parte de su hermoso cuerpo sostenido por aquellas delicadas piernas que mis ojos recorrían sin deseos de dejar de mirar. ¡No sé qué buscaba este hombre en la calle con una amante!, si en casa lo tenía todo, pero esa es la vida, mientras más tenemos, más queremos, sin darnos cuenta que con lo que tenemos nos sobra para vivir felices.

-¡Señora Vicky, qué hermosa luce hoy!

-No es que luzco, es que soy una mujer fuera de serie.

-Eso no lo dudamos.

-La desaparición de mi esposo ha traído muchos cambios a mi vida, quiero saber qué suerte han tenido él y sus compañeros, y decidí seguir adelante con mi vida, creo que tengo mucho por hacer.

-Esa es una buena posición.

-Quiero saber cómo le fue con la policía en su reunión.

Le contamos a nuestro cliente la actitud del sargento de la policía cuando lo visitamos, con la atención que recibimos no estábamos dispuestos a regresar a esa oficina para soportar amonestaciones de un tipo amargado que trabajaba sólo por recibir un sueldo para pagar sus cuentas, pues hay policías de profesión y profesión de policías.

La mujer estuvo de acuerdo con mi decisión y nos invitó a que repasáramos el caso con ella por si algún cabo suelto se había quedado sin analizar.

-Hay algo que me parece sospechoso y que he encontrado en el último trabajo que hizo la compañía de su esposo.

-¿De qué se trata?
-Esos dos depósitos en efectivo me parecen fuera de lo normal, por ser una cantidad de dinero elevada.

-¿De qué habla usted?

-Estoy hablando de $20.000 dólares y $15.000 dólares.

-¿Cuáles dos depósitos?

-Busquemos los comprobantes creo que lo hablamos en una ocasión.

-El último depósito de $15.000 dólares nunca se hizo porque ese día terminaba el trabajo para que le pagaran esa cantidad.

-Si es así tenemos una pista confiable donde debiéramos investigar un poco más, porque todo lo expuesto me dice que aquí hay algo que no concuerda.

-Ahora que lo menciona, recuerdo que mi esposo me contó ciertas cosas de ese trabajo que tengo igual que usted sospecha sobre que son personas media raras.

-Esta es la factura.

Dije, mostrándosela a los presentes después de buscar por un corto tiempo dentro de los folder que teníamos acumulados frente a nosotros.

-¿Quién fue el que contrato a su esposo para ese trabajo?

-Dijo que una mujer muy rica.

-¿Cuál es su nombre?

-La factura está a nombre de la Señora: Josefina Ezequiel.

-Investiguemos este nombre para ver que encontramos.

Inmediatamente se comenzó un rastreo de la supuesta mujer que le había pagado la factura en el último trabajo realizado por los desaparecidos, teniendo los resultados media hora después ya que nos dimos cuenta que ese nombre era falso, porque no había nada registrado en el sistema de computadoras con esas características en Estados Unidos.

-Vicky hábleme todo lo que recuerde que le haya contado su marido sobre ese último trabajo.

-Mi esposo me contó cuando tomo el trabajo que esa casa es de una mujer muy rica, la vio únicamente por 10 minutos un día que llegó en un auto; Mercedes negro con dos guardaespaldas, dio unas cuantas órdenes al encargado de la casa, entró en la vivienda y no se le volvió a ver más.

-Siga no importa que sean cosas sin importancia para usted dígame todo lo que su mente recuerde.

-Mario me dijo que sus empleados le pusieron de sobrenombre; "la encantadora dama misteriosa"

-¿Por qué encantadora?

-Es una mujer hermosísima según decía mi esposo.

-Por casualidad no le dijo cómo lucía la "dama misteriosa"

-Me contó que tenía alrededor de 25 o 30 años, de cara muy hermosa, delgada, adornada con prendas de mucha calidad, se notaba que era de clase y lo que le llamó más la atención fueron los guantes negros que tenía puestos en sus manos debido al calor que hace en La Florida es raro encontrar una mujer con guantes.

-¿Qué más recuerda?

-Usaba un perfume muy fuerte pero agradable, se hacía sentir a media cuadra su presencia, usted sabe lo exagerados que son los hombres cuando se trata de criticar a una mujer que les llama la atención.

-¿Su marido le dijo la nacionalidad de esa mujer?

-Estaba seguro que era hispana porque hablaba el español perfectamente, y los hombres que tenía a su servicio son colombianos y cubanos.

-¿Vio algún detalle en los guardaespaldas?

-Uno de ellos tenía el pelo teñido de rubio, de tez blanca, lo que le daba el aspecto de ser americano.

-¿Cuál fue el trabajo que hizo su esposo y sus compañeros en esa casa?, la factura dice únicamente remodelación.

-Se estaba haciendo la remodelación de un cuarto subterráneo y de una caja fuerte incrustada en la pared del sótano.

-Me gustaría que si recuerda algo, cualquier cosa que le haya dicho su marido referente a ese trabajo, por insignificante que usted la crea me llame y me cuente.

Todos los puntos de una Investigación cuando ésta en medio la desaparición de varias personas, son importantes, valía la pena investigarlos. Cuando comienzan a cerrarse los caminos en una investigación hay que abrir nuevas rutas que puedan dar luz en la oscuridad de un trabajo como este.

Estábamos dispuestos a indagar quien era la "dama misteriosa", y por qué tenía el propósito de pagar $35.000 dólares en efectivo, cuando lo normal es hacerlo como lo hacen la mayoría de personas usando las herramientas bancarias en este desarrollado país.

Nos dirigimos hacia Miami Beach, tomamos algunas fotos de la casa, donde por última vez había trabajado Mario. La residencia pertenecía a una compañía que exportaba café desde Colombia, esa compañía, el Cafetal Exp. LLC. tenía tres cuentas bancarias en Miami.

¿Por qué habrían pagado en efectivo por la remodelación de esa casa? Este era un buen detalle a investigar.

Los dueños de la casa eran colombianos, y por cosas de la vida en estos últimos años, cuando se habla de un colombiano salta a nuestra mente el narcotráfico, no quiero decir que todos los colombianos sean narcotraficantes, pero lo primero que se asocia cuando su nacionalidad sale a relucir es el narcotráfico, pues Colombia es el país de mayor producción de cocaína en el mundo.

Durante una semana vigilamos la casa de la "dama misteriosa" con un investigador que estábamos probando para ser contratado en nuestra compañía. En Estados Unidos se paga semanalmente, ese viernes le dije a Alex que hiciera un cheque para el investigador nuevo, como le llamábamos, pues en el mundo de la investigación siempre se les pone un sobrenombre a las personas y cosas para distinguirlas de las demás y darles un sentido divertido. Mi asistente me comunicó que el hombre no contestaba aunque ella lo había llamado varias veces para que presentara el reporte del tiempo trabajado.

-¿Hasta qué hora tenía que estar en la vigilancia el nuevo?

-De 5:30 de la mañana hasta la 1:30 de la tarde y de 4: 00 de la tarde a 7:00 de la noche, según mis cálculos, a esta hora tendría que estar frente a la casa de la "dama misteriosa".

-Llámalo por radio.

-He intentado por todos los medios, radio, teléfono, beeper y nada, quizás se quedó dormido.

-Que se prepare, porque si lo encuentro durmiendo en el auto, hasta hoy trabaja para nosotros. Es frecuente cuando estas sentado en un auto por largo tiempo te quedas dormido.

Salimos de la oficina hacia donde supuestamente estaba nuestro empleado, tenía la sospecha de que el hombre se había quedado dormido en el auto, cosa que es imperdonable en un investigador, no se le paga para que duerma, además si lo descubren y lo agarran durmiendo, puede hasta perder la vida.

Llegamos donde tenía que estar nuestro investigador y no lo encontramos, el hombre se había marchado del lugar abandonando el trabajo o lo habían descubierto.

Pasamos lentamente por donde tenía que estar parqueado su auto y sólo vimos unas huellas de neumáticos en la orilla de la vía, lo que nos indicaba que el vehículo había partido rápidamente.

-Este hombre salió a toda prisa de este lugar o lo cogieron.

-Apuesto lo que quieras que está dentro de la casa.

Aventuró Alex con un comentario fuera de lugar, ya que en ese momento estaba concentrado pensando lo peor.

-Vamos a la oficina que tenemos que poner seguridad, por si atraparon al hombre.

-No tienes que temer a nada, pues el investigador nuevo no sabía cuál era la razón por la que estaba vigilando esa casa, sólo tenía conocimientos de que un cliente nos estaba pagando para chequear esa vivienda. Hicimos una evaluación sobre qué tanto sabía el nuevo acerca de nuestras actividades y llegamos a la conclusión que si lo tenían los de la casa no interferiría mucho en nuestra operación ya que él sabía muy poco de nuestros movimientos sobre ese caso en particular.

Teníamos que movernos con mucho cuidado respecto a todo lo relacionado con la casa de la remodelación. Ese viernes salimos de la oficina a las 8:00 de la noche tratando de localizar al nuevo investigador sin dar con su paradero, comenzamos a hacer los ajustes del caso.

Toda investigación tiene sus riegos, pero ésta se estaba saliendo de lo normal. Debíamos armar un plan para entrar en la casa de la "dama misteriosa" pero si dábamos parte a la policía de lo que pasaba, tendríamos que revelar todo lo que habíamos descubierto hasta el momento.

Al día siguiente decidimos actuar con mi asistente colocando un sistema de cámaras ocultas frente a la puerta de la vivienda misteriosa para chequear las entradas y salidas de personas. Los sistemas de vigilancia electrónicos son muy efectivos y sustituyen a los seres humanos en ciertas ocasiones muy peligrosas como esta.

Teníamos que darles un poco de trabajo a las autoridades policiales, denunciando la desaparición del investigador, ya que es deber de los policías proteger a los ciudadanos y mantener el orden para que la ciudad pueda vivir tranquila.

No queríamos ser acusados de encubrir la desaparición de un ser humano, nos comunicamos con la hermana de Héctor, el investigador nuevo y le informamos que su familiar no había vuelto al trabajo, si estaba desaparecido lo mejor que podía hacer era ir a la policía y presentar una denuncia por su ausencia. Su hermana nos ayudó con la denuncia, mientras que nosotros adelantábamos la investigación.

Un detective de la ciudad de Miami nos llamó a la oficina solicitando tener una entrevista con nosotros para hacernos preguntas sobre el empleado desaparecido, pues la hermana le había dicho a la policía que la idea de presentar la denuncia había sido nuestra.

Le dijimos al detective que tuviera la amabilidad de pasar por nuestra oficina al día siguiente, porque estábamos muy ocupados terminando unos trabajos atrasados. Nuestra tarea era prepararnos para contestar las preguntas que nos haría la policía, que para sorpresa nuestra se hizo presente con el sargento Willy, el mismo que nos había tratado mal en el primer acercamiento que tuvimos con la institución del orden en esta investigación.

Se presentaron en mi oficina a las 10:00 de la mañana el detective que nos había llamado con el sargento y una mujer detective ataviada con pistolas al cinto y chapa doradas colocada frente a los bolsillos de su camisa, esto para enviarnos el mensaje de quién tenía el poder en esta ocasión.

Después de los saludos de rigor y las presentaciones respectivas, el sargento tomó la iniciativa en la conversación.

-Ustedes tienen mucho que contarnos acerca de las desapariciones de los hombres que investigan.

-Pregunte lo que quieran y si lo sabemos le contestaremos.

-¿Qué pueden decirnos sobre la investigación de la desaparición del esposo de Vicky?

-¿Qué le interesa saber?, sea más específico porque si nos ponemos hablar de esa Investigación nos pasaríamos todo el día con el tema.

-No hay prisa tenemos tiempo, puede comenzar.

-Sargento, aclaremos de una vez todo este asunto, tiene 15 minutos para que haga las preguntas que quiera, después de ese tiempo le agradecería que se marchara, estoy muy ocupado y no tengo todo el día para usted, como comprenderá ustedes ganan un sueldo fijo, yo me debo a los clientes que pagan por lo que puedo averiguar en sus casos.

El detective de nombre Norton, un hombre con algo más de 50 años, muy bien parecido, de muy buen trato y modales que reflejaban mucha educación, rápidamente se dio cuenta que el sargento estaba empeorando las cosas con su actitud y que no llegaría a ningún lado tratando de hacerse el gracioso con nosotros.

Norton intervino en la conversación para romper la tensión que había entre el sargento y nosotros, dándome cuenta que estaban jugando su juego la del policía malo y el otro que era la santa paloma que venía en nuestra ayuda.

-¿Cuándo desapareció Héctor?

-Lo vimos por última vez el miércoles y hablamos atreves de radio el jueves a las tres de la tarde desde el lugar, donde lo habíamos destinado para que nos hiciera el trabajo de vigilancia.

-¿Dónde lo tenían trabajando?

-Estaba vigilando una casa que investigamos.

-La investigación de esa casa tiene alguna relación con la desaparición del esposo de Vicky?

-No estamos seguros.

-¿Quién lo contrató para que vigilara esa casa?

-Le puedo hablar sobre mi empleado desaparecido pero no le daré detalles de los contratos que hacen los clientes con mi empresa.

-Podemos hacer esto de dos formas; usted colabora conmigo contestando mis preguntas o lo citamos a la corte frente al juez donde contestará más de lo que yo le pueda preguntar.

-Haga su trabajo detective para eso le pagan, juzgue usted cuál sería la mejor forma de hacerlo, aquí solo hay tres profesionales y esos son ustedes.

El sargento se paró del asiento con clara intención de marcharse, acto que imitó la mujer que lo acompañaba, el detective Norton se quedó sentado mirándome fijamente a los ojos, quería decirme algo con su mirada pero yo no podía descifrar lo que era.

Inmediatamente dijo:

-¿Pueden dejarme un momento a solas con el investigador?

-Ángel Martínez, es mi nombre, detective Norton.

Todos salieron al pasillo de la oficina, Alex condujo al sargento y su acompañante a una sala de reunión al lado de mi oficina.

Cuando quedamos solos, el detective se acomodó en el sillón donde estaba sentado para hacer su mejor pregunta.

-Entiendo su posición, el sargento no es santo de su devoción y no tiene capacidad para tratar con la gente, pero a mí véame como un amigo, no tengo interés de ofenderlo ni que me comente sus casos privados.

Cuando la policía entrevista a un detenido, siempre hay un policía bueno y uno malo, conmigo estaban usando el juego de que el sargento era el desgraciado y el detective Norton era el Ángel guardián que me entendería, comprendí su intención y le seguí la corriente hasta ver a dónde nos llevaría esa conversación.

-Le diré lo que tengo y si sabe algo que yo no sepa y lo quiere compartir conmigo se lo agradecería.

-De acuerdo, creo que nos estamos entendiendo.

Comencé a contarle que no solamente se había desaparecido el esposo de mi cliente, sus tres compañeros habían corrido la misma suerte y lo único que teníamos era la casa de la "dama misteriosa", donde habíamos puesto un detective privado, Héctor, para hacer vigilancia en esa residencia, pero a este hombre también se lo había tragado la tierra.

Comente con rasgos de preocupación:

-Estábamos muy preocupados sobre el misterio que rondaba esa vivienda.

Hablé con el hombre por una media hora, él me confesó que la policía no había trabajado en el caso de Mario, el esposo de mi cliente, porque lo consideraron una huida del marido con otra mujer.
-Le prometo abrir una investigación más profunda sobre este tema y cuando estemos un poco más avanzados, me comunicaré con usted, quizás podamos compartir información.

No le creí pero era mejor que pelearme con la policía, los agentes del orden nunca les dan nada de lo que tienen a los investigadores privados, son raras las ocasiones que un detective privado trabaja acorde con las autoridades dándose este caso casi en todos los países del mundo donde se permite la investigación privada como una profesión.

Se marcharon muy complacidos al lograr su propósito de saber qué estaba pasando con el caso de los hombres desaparecidos. O aparentaron esto.

Al día siguiente nos dedicamos a revisar todo lo que había pasado hasta el momento, y nos dimos cuenta de que la cámara que teníamos colocada para chequear las entradas y salidas de la casa de la "dama misteriosa" no estaba funcionando con el circuito cerrado instalado.

Pensé que los policías se habían percatado de la situación y habían saboteado nuestro espionaje electrónico.

Alex se encontraba revisando el sistema de video cuando cinco hombres entraron a mi oficina.

-¡Nadie se mueva!

Mi asistente quien salió como una loca de su oficina cuando vio toda aquellas personas solo dijo:

¿Qué pasa aquí?

Uno de los agentes salió como un proyectil y le puso una hoja de papel blanco escrita frente a su cara para decirle:

-Tenemos una orden de registro muñeca, por tu bien es mejor que te coloques en aquella esquina sin hacer mucho ruido, si desobedeces te pongo estas incomodas esposas.

Comprendí lo que estaba pasando viendo y escuchándolo todo desde mi despacho al que no habían llegado, inmediatamente puse un bloqueo a mi computadora, que de seguro seria descifrado por los expertos del gobierno cuando registraran mis equipos, pero no estaba mal ponerlos a sudar un poco. Debo recordar que mientras más seguridad usted ponga en su territorio resulta beneficioso para el avance de una investigación.

Pasaron hasta el fondo del edificio dando órdenes de que nadie se moviera, pues la DEA, Agencia Americana encargada de la lucha contra las drogas estaba haciendo su trabajo.

Intenté tomar el teléfono para llamar a mi abogado, cuando un agente con chaleco antibalas y cuerpo de bestia me arrebató el auricular y dijo:

-¿No entendió que nadie se mueva?
-Tengo derecho a llamar a mi abogado

-No puede usar el teléfono, póngase contra la pared y no haga ningún movimiento, hará lo que quiera cuando terminemos nuestro trabajo, por ahora hará lo que le digo, o le pongo las esposas y lo arresto.

Otro oficial comenzó a registrarme para verificar si estaba armado sin lograr nada positivo en su búsqueda corporal.

-¿Serían tan amables de mostrarme la orden que tienen para entrar a mi oficina?

-¿Quién es usted?

-Soy el que dirige este negocio.
De sobra sabían quién era yo, pero se comportan de esa manera para ganar tiempo y hacer la presión que al final les dará los frutos buscados.

El oficial me puso la hoja de papel en mis narices dándome a oler el documento para decirme quién daba las órdenes en ese momento. Verifiqué la orden de la corte que les autorizaba registrar y llevarse todos los equipos o evidencias que consideraran necesarios.

Comprendí que estos agentes de la DEA no andaban jugando, sacaron de mi oficina todo lo que ellos creyeron útil para su propósito, cargaron computadoras, documentos, monitores y todo lo que quisieron dejando mi oficina como una habitación de mudanza.

Cuando los federales americanos están procediendo en contra de los intereses de cualquier ciudadano, la mejor táctica es callarse la boca y dejarlos hacer todo lo que consideren necesario, puesto que nada de lo que hagas o digas les hará cambiar de actitud.

En nuestro trabajo estamos expuestos a todo tipo de cosas, tenemos que cuidarnos de todos: policías, federales, delincuentes y clientes. No somos los expertos, pero hacemos el trabajo y esto despierta celos en unos y ocasiona problemas en otros.

Alex y yo parecíamos moscas en un vaso con leche dentro de aquel enjambre de hombres blancos de inmensos cuerpos, chalecos antibalas, armas largas y dos perros que olfateaban todo.

Nos dejaron una orden de la corte para que nos presentáramos en quince días después de la fecha del registro a mi oficina.

Buscamos un abogado para que nos representara en la corte y recuperara nuestros equipos. La DEA se llevó nuestro sistema de seguridad cuando los agentes encontraron la cámara de vigilancia que teníamos al frente de la vivienda de la "dama misteriosa".

Pensamos que todo este alboroto se originaba por la información que le di a los policías que trabajaban en el caso de la desaparición de Mario. Sin embargo, no sabíamos que la situación era más complicada.

Nuestra oficina estaba interfiriendo en una investigación que el gobierno de Estados Unidos tenía montada contra la "dama misteriosa" y su organización criminal, por tráfico de drogas y lavado de dinero en Miami, New York, California y otras ciudades del país.

Un amigo del FBI nos puso al día con la situación que se estaba originando a causa de la "dama misteriosa", a cambio querían saber todo lo que habíamos averiguado sobre esta mujer.

-Si la DEA nos hubiera preguntado no había necesidad de incautar los equipos de nuestra oficina.

Contesté a mi amigo federal.

-Esta investigación es más grande de lo que ustedes se pueden imaginar, el gobierno no quiere arriesgarse a dejar ningún cabo suelto, un informante de la DEA indicó que un investigador privado que ustedes tenían vigilando la vivienda fue atrapado por trabajadores de la mujer y lo tienen secuestrado torturándolo para sacarle información sobre los motivos de la vigilancia.

-¿Qué esperan los agentes del gobierno para rescatar a nuestro investigador?

Preguntó Alex, sorprendida de lo que estábamos escuchando.
-Si supiéramos dónde lo tienen de seguro ya hubiéramos actuado.

-¿No hay pista de dónde está?

-Si esta gente logró sacarle información al hombre, hay dos cosas que debemos tener claras ; ustedes corren un peligro inminente y creemos que a estas alturas su investigador debe estar muerto.

-Ahora si se nos complicó el asunto.

Dije alarmado por la situación imperante.

-El informante que tiene el gobierno dentro de los criminales dio ciertos detalles imprecisos sobre los trabajadores de la compañía de decoración que ustedes investigan, se cree que la "dama misteriosa" los mandó a matar.

-¿Está seguro de lo que me está diciendo?

-Nosotros el FBI y la DEA hemos estado llevando esta investigación en conjunto, y quiero que se cuiden, esta gente es muy peligrosa y si huelen peligro no tendrán compasión para sacarlo del medio.

-¿Qué más se sabe de mi investigación?

-De su detective lo único que tenemos es lo que le informé pero en estos momentos se está investigando sobre una pista de un terreno en los cayos de la Florida, donde se cree que fueron llevados y asesinados los hombres que ustedes buscan.

-¿Me puede dar la dirección de donde están esos terrenos?

-¡Está loco! Eso no es posible. Parece que los trabajadores vieron cosas o hicieron algún trabajo que los criminales no querían que se supiera, y la mejor forma de mantener el secreto era sacándolos del mundo sin dejar huellas de sus muertes.

-¿Se tiene alguna descripción de los sicarios?

-Hemos escuchado en la calle que su hombre de confianza es un sicario de Medellín, Colombia.

Nuestro amigo del FBI nos puso al día sobre esta organización criminal y del peligro que corríamos por meternos ingenuamente en un avispero. Los federales estaban sobre la pista de dónde tenían a nuestro Investigador cautivo para rescatarlo, si todavía estaba con vida. Comprendimos que en ese momento éramos conejillos de india.

Los agentes del gobierno estaban a la espera de que los criminales dieran un paso hacia nosotros para ellos poder actuar.

En ese momento no teníamos oficina, celulares, beepers ni equipo para trabajar. Se me ocurrió ir donde mi cliente a contarle lo que habíamos indagado, gracias al FBI, sobre la "dama misteriosa" y su organización criminal.

Mi asistente se sentó al lado de Vicky, pues esperábamos que al decirle que su esposo se creía que estaba muerto la reacción sería de un ataque de llantos. La mejor medicina en esos casos es un abrazo cálido, tierno y fuerte para infundir protección y seguridad.

Un abrazo sincero vale más que mil palabras y ayuda a las personas a no sentirse solas en este mundo.

-Vicky le tenemos noticias de su esposo.

-¿Encontraron a ese hijo de puta?

-Tenemos una fuente muy creíble del gobierno de Estados Unidos que nos ha facilitado cierta información.

-¿La Policía descubrió dónde está?

-No.

-¿Quién les informó sobre mi marido?

-La fuente no podemos decírsela, pero sí es de muy buen crédito lo que averiguamos.

-¿Qué es lo nuevo?
-Se sospecha que a su marido lo asesinaron junto a sus empleados.

La actitud de Vicky cambió, pues por muy desgraciado que hubiera sido Mario, era su esposo.

-¿Dónde tienen el cuerpo?

-No lo han encontrado.

-¿Son puras especulaciones?

-Si.

-No creo que este muerto.

-La "dama misteriosa" pertenece a una organización criminal muy poderosa en el tráfico de drogas y lavado de dinero.

-¿Me quiere decir que los federales sospechan que mi marido fue asesinado por esa banda de criminales?

-Esto que le diré es información privilegiada, no puede repetirla y es fuera de récord pues la vida de muchos hombres depende de lo que hablemos en esta reunión.

-Hable, que yo también sé guardar secretos.

-Un informante que ha infiltrado el gobierno en esa organización le contó a los federales que Mario y sus ayudantes fueron desaparecidos, por otra parte el investigador que nosotros contratamos para que vigilara la entrada y salida de la vivienda está cautivo y lo han torturado para sacarle información.

-¿Saben dónde está su investigador?

-Están haciendo todo lo posible para dar con el paradero del hombre, pero no quieren arriesgar a su informante porque si lo descubren pueden matarlo.

-Es posible que se estanque la investigación y tendrían que terminarla antes de tiempo.

Intervino mi asistente Alex para sacar a nuestro cliente de su posición de ataque hacia lo que habíamos descubierto.

-¿Qué hacemos?

-No estamos seguros de que estén muertos.
-¿Quizás los tengan cautivos junto al investigador?

Quiso Vicky, tener las esperanzas, un poco más aterrizado ya que al comienzo de nuestra intervención estuvo más agresiva.
-Esa sería una probabilidad.

Es normal en los seres humanos que cuando creen que un familiar esta con vida, pero no tienen el cuerpo, se aferran a la esperanza de que tal vez aparezca en cualquier escena de la investigación.

-Vicky no quiero dar falsas esperanzas, según los federales su esposo está muerto junto a sus compañeros.

-Los federales no están 100% seguros de que esté muerto, si fuera así tendrían el cuerpo.

-Tiene toda la razón.

-¿Qué sigue ahora?

-Tenemos dos opciones; dejar todo como está esperando que los federales llamen para decirle si están o no seguros de que su marido fue asesinado o; seguir nosotros adelante paralelamente en busca de pistas que nos lleven a lograr lo que perseguimos.
-Me gusta la segunda opción.

Dijo la mujer abrigando alguna esperanza.

-No quiero que usted vote dinero innecesario, pero como dice el cuento, el cliente es que manda y tiene la razón.

-Mi esposo me traicionó con otra mujer, pero aun así quiero saber qué pasó con él, si me tengo que gastar hasta el último centavo en averiguar qué le ocurrió, lo haré, quiero que siga adelante con el contrato que tenemos.

Cuando las mujeres se sienten traicionadas se olvidan del dolor. Si esta noticia se la hubiera dado a mi cliente sin descubrir que Mario tenía otra mujer, las lágrimas y el llanto de ella se hubieran escuchado en todo el salón al comentar que el hombre se suponía muerto, pero ante las circunstancias la posición era otra.

De la "dama misteriosa" sabíamos muy poco, centraríamos la Investigación en descubrir quién era este personaje femenino por el que todos los servicios de inteligencia americanos indagaban.

Nos despedimos de Vicky con la intención de comenzar una vigilancia en la residencia de la "dama misteriosa" con mucha más precaución, sabiendo que los Investigadores del gobierno, así como los dueños de la casa andaban detrás de nuestros pasos. Al visitar los alrededores de la casa pudimos comprobar que estaba permanentemente vigilada por el FBI y la DEA, situación que nos haría muy difícil la tarea de ubicarnos para hacer nuestro trabajo.

Recorrimos toda el área sin poder encontrar dónde ubicarnos para vigilar de manera estratégica la entrada de la casa, de donde salían constantemente vehículos y personas. Finalmente y en la misma calle hacia el sur, había un edificio de cinco pisos que podía ser un buen sitio para chequear los movimientos de todo lo que se moviera por esa zona.

Fuimos a la oficina encargada de rentar los apartamentos de la propiedad y allí nos atendió una hermosa mujer de contextura gruesa; se llamaba Laura, era la secretaria. Su cuerpo era tan voluminoso que para levantarse de la silla tenía que hacer un poco de esfuerzo. Nos recibió con una encantadora sonrisa, que le otorgaba al ambiente un cálido espacio de felicidad.

Las gordas tienen una actuación muy definido cuando bailan, mueven su cuerpo con una gracia tan natural que deja un sabor a sexualidad muy agradable, pienso que tienen un encanto especial, son dulces, cariñosas y cuando hacen el amor se disfruta tanto con ellas como con las flacas.

Usted amigo lector, en estos momentos se estará preguntando por qué sé esas cosas, es sencillo, la lectura amigo/a, la lectura.

Le pedimos a Laura que nos mostrara los apartamentos que tenía para alquilar, la secretaria tomó un libro muy grueso, comenzó a sacar llaves de un casillero y nos señaló el pasillo. Nos dirigimos hacia los apartamentos vacíos para verlos y decidirnos si era conveniente rentar uno. La historia que le habíamos contado a Laura sobre nosotros era que estábamos recién casados y queríamos tener un lugar donde pudiéramos comenzar nuestra nueva vida matrimonial.

-Si tiene un apartamento en el último piso sería mejor, nos gustan mucho las alturas.

Le comenté a Laura tratando de darle una idea de lo que nos interesaba para ahorrarle tiempo.

-Hay dos apartamentos en el último piso.

-Esos son los que nos gustaría ver.

-El que está en la esquina tiene una hermosa vista, se puede ver toda la ciudad.

-Para ahorrarle tiempo, vamos primero a ver ese apartamento
Alex quería llevar la situación para despertar lo menos posible sospecha en la joven que nos rentaría el apartamento para hacer vigilancia.

Desde la ventana del apartamento que nos mostró Laura había una vista perfecta de la casa de la "dama misteriosa". Desde ahí podíamos controlar los movimientos de los autos federales que hacían guardia en los alrededores del lugar, el sitio estaba muy bien adecuado para vigilar nuestro objetivo y estábamos a una distancia tal que no seríamos descubiertos jamás.

-¿Cuál es el procedimiento para rentar el apartamento?

-Llenar la hoja de contrato con sus datos, dejar un depósito para cerrar el negocio y mañana, después de verificar la información de ustedes pueden mudarse.

Le dejamos un depósito un mes de renta a la secretaria de la agencia inmobiliaria. Nuestro trabajo marchaba con nuevos aires de entusiasmo y dedicación. De todas maneras, el caso estaba resultando misterioso para nosotros, pues a esas alturas del asunto todavía no sabíamos con exactitud quién era la mujer a quien investigábamos.

Al día siguiente nos llamó Laura con la buena noticia de la aprobación del apartamento. Debíamos pasar por su oficina a dejar el dinero restante y nos podíamos mudar en cualquier momento, inmediatamente Alex se trasladó al lugar, arregló el papeleo y obtuvimos la llave del piso que serviría para hacer la vigilancia sin exponernos a que los supuestos mafiosos o los federales nos descubrieran.

Alquilamos el apartamento por siete meses, lo equipamos con un sofisticado sistema de cámaras con visión nocturna y unos potentes binoculares para ver a distancia y tomar fotografías al mismo tiempo. Teníamos a la mano todos los equipos de vigilancia que se necesitaban para hacer una persecución exitosa si se daba la ocasión de usarlos.

Había un problema, si se fuera a realizar el seguimiento de alguien que saliera o entrara a la casa, los primeros en perseguirlo serían los del auto parqueado con los federales dentro, esto nos ponía en desventaja con nuestros competidores.

Debíamos actuar con inteligencia pues todo el esfuerzo y derroche de recursos que estábamos haciendo tenía que dar resultados para que nuestro cliente siguiera soltando dinero en el caso.

Los clientes invierten su dinero en las investigaciones privadas, pero hay que darles informes positivos sobre los avances alcanzados, pues no nos podemos dar el lujo de gastar el dinero de nuestros usuarios sin mostrar resultados satisfactorios o por lo menos intentarlo.

Ese día en el inmueble recién tomado pasó sin novedad. Alex llegaba al apartamento a las cuatro de la mañana para chequear cualquier movimiento que se presentara en horas de la madrugada. Eran las 5:45 de la mañana cuando sonó mi teléfono, al tomarlo vi en la pantalla que la llamada era de Alex, quien me buscaba desde el punto de vigilancia cerca del objetivo.

-¿Qué pasa Alex?

-Trate de estar aquí lo más pronto que pueda, hay movimientos.

-¿Qué hay de nuevo?

-Un taxi amarillo del aeropuerto llegó al portón de la casa, desde adentro le abrieron, no pude distinguir cuántas personas iban dentro del vehículo, de lo que sí estoy segura es que se trata de alguien que acaba de llegar de otra ciudad u otro país.

-Llegaré lo más pronto que pueda.

-Nuestra competencia federal no ha llegado.

-Ellos se lo pierden.

Esta situación nos puso en ventaja con los policías, pues si estos no estaban en el punto de vigilancia lo tomaríamos de dos formas; se habían retrasado o los federales se estaban cansando de la vigilancia al no tener resultados positivos.

Llegué al estratégico apartamento a las 8:00 de la mañana, en medio de una lluvia que dificultaba todo, desde el tránsito hasta la visibilidad sobre el lugar vigilado. Después de hacer un pequeño reconocimiento por el área, entré al edificio dirigiéndome al apartamento en donde me esperaba mi asistente Alex que para la recepcionista era mi mujer.

-Alex, ¿Qué novedades me tienes?

-El taxi se marchó pero llegaron nuestros amigos, los federales.

-¿Dónde están parqueados?

-Use los binoculares y los podrás ver en la esquina desde donde pueden controlar la puerta de la propiedad.

-Tenemos una ventaja, ellos no saben que llegaron visitas a la casa y menos que esas visitas vienen del aeropuerto.

Los taxis del aeropuerto son amarillos y los de la ciudad azules, suponíamos que los recién llegados provenían de otro país o Estado.

-Alex, déjame probar suerte con la competencia, regreso en unos minutos.

-¿Qué?

-Trataré de hablar con los federales si es que resultan amigables, mi plan funcionará.

-Ellos no tienen amigos, se creen lo máximo.

-Hay excepciones, déjame ver qué saco de esta visita.

-Mi opinión es que no se acerque a esos engreídos.

Salí del apartamento con la clara intención de colaborar con las autoridades que tenían dos hombres frente a la vivienda que también vigilábamos, pero ellos no sabían lo que nosotros habíamos descubierto, cosa que les podía ser de mucha ayuda en su trabajo.

Me acerqué en mi auto estacionándome delante del de los federales, éstos se encontraban dentro, protegiéndose de la torrencial lluvia que caía, en ese momento me bajé de mi automóvil y toqué la ventana del chofer, el hombre que estaba dentro no hizo el menor movimiento ya que me conoció en seguida, lo intenté nuevamente con mayor insistencia pues la lluvia me estaba empapando.

-¡Mierda abre el cristal!, no ves que me mojo.

Con toda la paciencia del mundo el detective federal procedió a hacer lo que le pedía.

-¿Qué mierda haces aquí?

-Si me dejas entrar en tu automóvil lo sabrás.

-Estás interfiriendo en una investigación federal y esto te puede costar la cárcel.

-Quisiera ayudarte, déjame entrar que me mojo.

-Te voy a dar un minuto para que desaparezcas de mi vista, si no lo haces llamaré a un auto patrulla para que te arreste y haré una acusación de estorbar en nuestro trabajo.

-Esto me pasa por no hacer caso de un consejo.
Me reproché a mí mismo, hablando entre susurros.

El federal cerró su ventana y pude ver a través de los cristales a los dos hombres riéndose a carcajadas al ver cómo me empapaba la lluvia que caía.

Me retiré del lugar como el soldado que no encuentra con quién pelear, estaba totalmente mojado, subí a mi automóvil y recorrí varias calles. Alex me observaba con los binoculares, sin saber cuáles eran mis intenciones hasta que me perdí entre las calles de aquel vecindario de casas grandes con portones de hierro y verjas con cámaras de vigilancia.

Detuve el auto frente al primer supermercado que encontré y me dirigí directamente al estante de frutas y vegetales, donde encontré los plátanos que buscaba para mi propósito. Los federales se habían burlado de mí cuando traté de hablar con ellos, ahora les tocaba a ellos pasar también por un mal momento.

Encontré lo que buscaba, un enorme plátano que se encargaría de hacerlos rabiar hasta que la sangre les recorriera por todo el cuerpo de súper hombres, como decía Alex mi asistente que ellos se creían. En nuestros países latinoamericanos encontrar una fruta con las características del plátano que había comprado es muy difícil.

Las mejores frutas son reservadas por los campesinos para exportarlas a otros países, como Estados Unidos, las más pequeñas y de poca calidad las dejan para el consumo interno. Esto sucede en la mayoría de nuestros países, Latinoamericanos, lo mejor se exporta y lo peor queda dentro del país.

Después de vivir un largo tiempo en países desarrollados, me doy cuenta que la diferencia la hacen los dólares, con los que se puede conseguir lo mejor. Salí del supermercado con un plátano de tamaño superior a cualquier plátano común, entré a mi auto, tomé una navaja y le saqué punta, el plátano quedó como un clavo grande y afilado.

La lluvia se hacía cómplice de mi aventura, volví al lugar donde estaba el auto de los federales, doblé en la próxima calle, después de cruzar el primer puente que une Miami Beach con la ciudad de Miami, busque donde parar.

Estacioné el auto en la esquina del costado norte de la vivienda vigilada, donde podía ocultarme detrás de una pared que no dejaba ver mi auto. Salí del automóvil a terminar el trabajo que había pensado realizar, tomé el plátano y miré hacia ambos lados desde la esquina, para comprobar que los federales no me pudieran ver. La lluvia caía con más fuerza, me deslicé por la parte trasera del auto de los policías e introduje el plátano en el tubo de escape empujándolo lo más que pude para que los gases y el humo no pudieran salir.

Me alejé del lugar sin hacer el menor ruido, llegué a mi automóvil y me quité los guantes que había usado para no dejar huellas. Luego me dirigí al edificio donde teníamos el apartamento destinado a la vigilancia.

-¿Qué es lo que ha hecho?

Me interrogo Alex tratando de saber que travesura estaba realizando en contra de nuestra competencia.

-Espera y veras.

-¡Acaso se ha vuelto loco!

-Tranquila Alex, ahora me toca a mí.

-No entiendo, le dije que no fuera a hablar con esos idiotas.

-Me reconocieron inmediatamente, pero no tuvieron la gentileza ni de dejarme hablar.

-Se lo dije.

-Espera unos minutos y los verás más mojados que yo.

-Supongo lo que hiciste pero creo que esos juegos no son aconsejables en estas circunstancias.

-No seas aburrida, espera y veras, ha escuchado lo que dicen los ancianos del que ríe de último ríe mejor.

En ese momento se abrió el portón principal de la casa de la "dama misteriosa" era momento de acción, había que moverse a toda prisa.

-Alex, sigue el auto que sale de la residencia y llévate este radio de comunicación para que estemos en contacto.

-Los federales me pondrán en problemas.

-Confía en mí, estarás sola detrás de quien salga.

-¿Qué hiciste que yo no sepa?

Alex suponía que yo había hecho alguna travesura en contra de nuestra competencia, pero no podía esperar que le contara todo el cuento. De repente un automóvil Mercedes negro salió de la vivienda y los federales se dispusieron a seguirlo, el conductor le dio arranque al vehículo pero al tratar de hacerlo el motor se estremeció apagándose cuando colecto suficiente humo dentro del tubo de escape, ante lo cual el chofer intentó hacer funcionar la máquina sin saber cuál era el daño que tenía. ¿Cómo era posible que cuando se necesitaba seguir el auto Mercedes, este jodido automóvil se apagara?

Con seguridad estarían diciendo los dos federales dentro de aquella trampa mortal. La burla que me hicieron les costará un regaño de sus jefes.

-En el auto Mercedes van dos personas, una es mujer y el chofer es un hombre.

Me comunicó por la radio mi asistente Alex cuando se le acercó al automóvil negro que rodaba placenteramente por las calles de la ciudad.

-No los pierdas de vista, quiero saber quién es la mujer.

-Tengo mi cámara lista para la primera oportunidad que se presente.

Un nuevo auto sospechoso salía en ese momento de la vivienda.

Para mi sorpresa la que me dejo un poco intrigado, otro auto Mercedes Benz negro con las mismas características que el que seguía Alex y con dos personas dentro, una mujer y un hombre. Bajé a toda prisa de mi punto de vigilancia para seguir el nuevo automóvil que ya estaba alejándose de la mansión vigilada. Pasé despacio por donde estaban los federales quedados con su automóvil descompuesto, bajé el cristal y les dije:

-¿Les hace falta ayuda?, puedo llamarle un remolque, Jajajajaja.

Posiblemente esto me costaría muy caro, pero me di ese gusto. Los federales se miraron sorprendidos sin saber qué hacer, si correr detrás de mi auto o gritarme alguna palabrota. Aceleré y me dediqué a seguir el automóvil. Mercedes negro, sospechoso que se dirigía hacia el centro de la ciudad.

Llamé a Alex por radio.

-Alex, ¿Dónde estás?

-Tengo suficientes fotos de una hermosa dama, creo que por fin la "dama misteriosa" dejó de serlo.

-No cantes victoria antes de tiempo, pues yo sigo a otra dama que va en otro automóvil. Mercedes parecido al que tú persigues.

-¿Qué pasó con los federales?

-Esa es otra historia, concéntrate en lo que estás haciendo.

Todo marchaba como en las películas, cuando al protagonista le salen las cosas a su favor. La información es poder y nosotros teníamos algo que el gobierno o sus agentes no tenían, fotos de la "dama misteriosa", o de una mujer que creíamos era la dueña de la casa vigilada.

El vehículo que perseguía se detuvo en el banco City Bank que se encuentra dónde comienza la primera avenida en el centro de la ciudad.

Una mujer bajó del automóvil, de inmediato me detuve, busqué un ángulo para que las fotos salieran con calidad y disparé la cámara. En realidad no sabía si Alex o yo teníamos a la "dama misteriosa", pues yo tenía a una hermosa y delicada mujer en el lente de la cámara con la que tomé varias impresiones diferentes del objetivo. Salí de mi vehículo, pues la persecución exigía que estuviera más cerca de la acción. Entré al Banco pero no vi a la mujer que perseguía.

¿Dónde diablos se habría metido?

Me senté en los asientos de espera para los clientes, supuse que la mujer estaba en alguna oficina del banco indagando sobre alguna cuenta o negocios que tenía en la institución. Llevaba unos 10 minutos sentados en el salón de espera del banco, cuando una joven muy agradable se acercó sonriendo.

-¿Le puedo ayudar en algo?

-Sí gracias, espero a la señorita, ¿eh?

-La señorita Viviana, saldrá en unos minutos, está con el señor Dens, el gerente.

-Gracias.

- ¿Le puedo brindar algo de tomar mientras espera?

-Se lo agradezco, he tenido una mañana terrible.

-¿Qué le gustaría tomar?

-Una taza de café con leche bien caliente y unas galletas de soda, por favor.

-Enviaré a la joven encargada del servicio para que lo atienda.

-Estoy muy agradecido por sus atenciones.

-Todos los amigos de la señorita: Viviana Montoya son bienvenidos a nuestra institución y se merecen la mejor atención.

La joven se retiró por uno de los pasillos del edificio. Estaba metido en un tremendo problema si esta mujer iba con el chisme a la oficina del gerente.

Mis pensamientos fueron interrumpidos por la empleada vestida de blanco que portaba una gran bandeja con pastelitos, empanadas, galletas de soda, una suculenta taza de café con leche que humeaba de caliente, queso crema y servilletas blancas de tela.

-¿Todo esto es para mí?

-¿Se le ofrece algo más?, Estoy autorizada para servirle.

-Si no es mucha molestia quisiera una botella con agua.

-¿Quiere un vaso con hielo?

-Gracias, prefiero tomarla de la botella, así conserva el frío.

La mujer dio media vuelta y se fue, tuve suerte, mi trabajo valía la pena a pesar de lo mojado que quedé con la lluvia.
Todo el trajín que había tenido esa mañana, me abrió el apetito; mi organismo funcionaba como una máquina cuando le falta aceite, las empanadas y las galletas fueron presa de mi hambruna.

Cuando comencé a beber la taza de café con leche apareció nuevamente la empleada con la botella de agua y unos caramelos en un plato blanco con bordes dorados.

"este banco si atendía bien a sus clientes."

Le di las gracias a la señora, le expliqué que ya era suficiente con todas las atenciones que me había dado. Había tomado un desayuno usando la influencia de la sospechosa "dama misteriosa"; pensé pedir el periódico, pero no podía abusar de la suerte y que la mujer me descubriera. Muchas veces estas cosas que comienzan como un juego, terminan costándole la vida a los investigadores.

Decidí salir del banco, pasé muy cerca del chofer que conducía el automóvil Mercedes parqueado al frente en espera de su patrona. El hombre estaba distraído mirando hacia la puerta del edificio, esperando que su dama regresara.

Noté en su cara, las facciones de un hispano, de unos 50 años aproximadamente, con una pequeña cicatriz encima de su ceja derecha. Por mi mente pasaron mil formas de hacerle una broma al chofer de aquel vehículo para que no pudiera servir a su patrona, pero era mejor esperar otro momento.

Recliné el asiento y me puse a esperar que saliera la mujer que vigilaba frente al edificio del City Bank en el centro de Miami. Unos 30 minutos de espera fueron suficientes para ver aparecer a la dama con un maletín marrón. ¿De dónde diablos había salido el maletín?

Si cuando entró no llevaba nada en las manos, tendría que revisar las fotos, pues hay momentos en la vida en que la memoria nos falla y yo estaba preparado porque le tomé unas fotos antes de que entrara al banco.

La mujer entró a su auto y se dirigió nuevamente a la casa vigilada, donde a unas cuadras en la esquina dos hombres y un remolque de grúa se disponían a subir el auto descompuesto de los agentes federales.

Pasé lentamente frente a los dos federales que me miraron como un bicho raro, aceleré mi auto. No se lanzaron encima del automóvil, creo, porque se dieron cuenta que había seguido a uno de los autos Mercedes.

Alex apareció 40 minutos más tarde con una sonrisa de oreja a oreja por los resultados satisfactorios que había tenido con la persecución a la otra "dama misteriosa", como le decíamos.

-Tengo unas fotos muy interesantes a todo color.

-Toma este rollo y el tuyo, hazlo revelar y espera las fotos, yo me quedaré en el puesto de vigilancia.

Como estos acontecimientos se desarrollaron en el año 1995 no teníamos cámaras digitales, eran buenas pero de las que utilizaban rollos para fotos.

Alex se marchó, llamé a mi cliente para informarle que había cierto progreso en la investigación. Pasaron más de 35 minutos después de mi llamada a Vicky, más tarde tocaron la puerta del apartamento, Alex se había ido hacía una hora aproximadamente, pero ella tenía llave me dio una pequeña corazonada pero es el destino quien te marca en todos los acontecimientos de la vida.

¿Quién podría ser? , no esperaba visitas y menos en un apartamento de vigilancia.

Me acerqué con pistola en mano al ojo mágico que tienen todas las puertas de las casas en Estados Unidos.

Antes de ver quién era y abrir la puerta puse el dedo en el orificio esto me lo enseñó un instructor en un entrenamiento, decía que cuando se va a observar por el ojo mágico de una puerta se debía poner primero el dedo colocándote al lado de la puerta para identificar quien estaba detrás de la puerta, pues si te van a disparar no es lo mismo que te den un tiro en el ojo que en el dedo.

Pasé la primera prueba, nadie disparó, me acerqué a la puerta, puse mi ojo en el hueco y mi curiosidad quedó satisfecha cuando pude distinguir la hermosa cara de Laura la secretaria encargada de rentar los apartamentos. Comencé a abrir la puerta para ver que tenía que decir la linda gorda, jefe del edificio, mi mente reaccionó al preguntarme porqué Laura no tenía la sonrisa acostumbrada, cuando la vi por la rendija que dejaba la puerta al abrirla, ya era tarde, alguien empujó la puerta con tanta fuerza que salí disparado hacia el centro de la sala.

Caí como si un tren me hubiese atropellado y quedé sobre la alfombra con un fuerte dolor de cabeza sin saber qué lo producía, pues el susto fue tan grande que no me di cuenta con qué me había golpeado al caer. Un hombre muy bien vestido estaba encima de mi cuerpo tratando de agarrarme las manos. En menos de treinta segundos me encontraba esposado, boca abajo sin saber qué pasaba en el apartamento.

Pensé que Laura era cómplice de los mafiosos que trabajaban en la casa de la "dama misteriosa"; era el fin, esta gente me mataría torturándome con quien sabe qué cosas, mi vida no valía nada en esas circunstancias, lo único que rogaba era que Alex no se apareciera con las fotos que le mandé a revelar porque en vez de ser un muerto seríamos dos. Mientras mi mente hacía sus tímidas imaginaciones uno de los hombres habló:

-Levántelo, hijo de puta, que nuestro investigador estrella tiene mucho que contarnos.

Para colmo sabían quién era, se habrían enterado por el detective privado que torturaron que yo era el investigador que andaba tras los pasos de su organización. Al darme la vuelta y poder ver el espectáculo que había en el apartamento respiré con una tranquilidad que muy pocas veces en mi vida había sentido.

Con mucha alegría le di no sé cuántas veces gracias a Dios por hacerme un hombre con tanta suerte, estaba a salvo, no sufriría choques eléctricos, ni torturas durante las que me quitarían los dedos, uno a uno con alguna sierra eléctrica, tenía frente a mí a siete agentes del FBI, acompañados por los amigos del auto que había dañado con el truco del plátano en el escape de gases. Estos agentes no acabarían con mi vida, pero reaccioné y me di cuenta que estaba metido en un tremendo problema con el gobierno y su principal agencia de investigaciones.

-Señores, esto se puede explicar.

-Somos todo oído en espera de tu explicación sobre lo sucedido. ¡Ah!, y agrega el chiste del banano en el auto de los dos agentes que vigilaban la casa.

-¡No sé de qué plátano o manzana hablan!

-¡Cuando te metan veinte años de cárcel sabrás!

-Es mejor que me permitan hablar con mi abogado.

-Abogados te vamos a dar nosotros, ¡hijo de puta!, ¡maldito!, ¡delincuente de la mierda!

Se armó un altercado en el apartamento, yo volé por los aires, no sé de dónde vino el empujón, escuché el grito de Laura que presenciaba el espectáculo, ella quería saber a quiénes había rentado el apartamento, si a terroristas o delincuentes, para echarnos de la propiedad que administraba.

Uno de los agentes a quienes les hice la broma del plátano quería mi cabeza, el hombre perdió el control y quiso golpearme, pero fue dominado por sus compañeros. La sala se convirtió en un cuadrilátero donde todos caían sobre mi frágil cuerpo tendido en el suelo.

Me di un gran golpe en la frente con el filo de una mesa al voltear mi cara para que no fuera aplastada por aquellos gorilas bien alimentados que se me venían encima. Todos se empujaban unos agarrando a los otros, querían hacerme algo, recibí golpes por todo lado, ya en el suelo sentí un líquido caliente que salía de mi nuca, me encontraba empapado en sangre.

¡Mierda!

Sí era mía, estaba desangrándome al punto que perdí el conocimiento.

Mis ojos se cerraron y empecé a sentir una paz interior que no la puedo cambiar por nada, es algo tan placentero que no tengo palabras para poder describirlo, con razón los muertos no vuelven a la tierra si el comienzo de la muerte es tan agradable, morir será mucho mejor.

Todos los que viven tienen que morir por lo que estoy de acuerdo con el filósofo chino Confucio cuando dijo:

"Aprende a vivir bien, y sabrás morir mejor."

Aquella golpiza me mandó al hospital Jackson, en Miami, por unos días que significaron unas pequeñas vacaciones para mí. Desperté una mañana fría cuando una hermosa enfermera hacía el esfuerzo para correr las cortinas de mi habitación. Pude ver sus enormes curvas para que mi nuevo renacer del infinito fuera más placentero en este desordenado mundo de los vivos.

En ese momento no había nada más hermoso que ver a esa mujer en esa posición moviendo la cortina de mi habitación, si fuera por mí la dejaría como una estatua. Cuando terminó su agotador trabajo, se volteó algo agitada por el esfuerzo que hizo al luchar contra aquel pedazo de tela para cubrir la ventana del recinto, su respiración estaba acelerada, su pecho subía y bajaba aumentando un poco más mi instinto carnal, entreabrió su boca dejando libres sus labios carnosos, con su lengua se acarició el labio superior, súbitamente sus enormes ojos chocaron con los míos que vivían un ensueño con aquel panorama.

En ese momento la sentí turbada sin saber qué dirección tomar, sabía que había disfrutado con su actuación. No sentía mi cuerpo, tenía unas agujas colocadas en la articulación de mis brazos y una máscara de oxígeno en mi rostro. La enfermera tomó el termómetro y me lo puso debajo del brazo sin mediar palabra alguna. Hacía unas cuantas horas creía que iba a ser sacrificado por unos criminales, pero afortunadamente resultaron ser los buenos, pensé que estaría a salvo con ellos y sin embargo me propinaron una tanda de golpes tan tremendos que me mandaron al hospital. Esto era demasiado para un solo día, sí que estaba viviendo una vida agitada y rápida, muy pocas personas en la tierra tienen ese privilegio.

Decidí cerrar los ojos y que los médicos del hospital optaran por el tratamiento más conveniente para mi bienestar. Por la pequeña herida que tenía encima de la frente había perdido mucha sangre. Lo tenía todo, una enfermera preciosa, un agente del FBI cuidando la puerta de mi habitación y una cama muy cómoda, qué más podía pedir de la vida.

Al tercer día comencé a aburrirme de esa vida sedentaria a pesar de todas las comodidades que ofrecía el hospital con sus excelentes atenciones en mi habitación. Oprimí el botón para que apareciera aquel encanto de mujer.

-¡Buenos días señor Martínez!, ¿Cómo se siente?

-Como un Rey

-Eso suena muy bien, le tomaré la presión.

-¿Dónde estoy?, esto es el cielo porque no parece la tierra.

-Está en el Hospital Jackson de Miami.

-La felicito, usted es lo más parecido a un Ángel.

-Gracias, es muy gentil.

-¿Qué hora es?

-Las 2:35 de la tarde.

-Ya que pasó la hora del almuerzo, ¿puedo invitarla a cenar?

Mi agradable enfermera no pudo contestar debido al ingreso de un equipo de médicos que evaluaría la golpiza que me habían propinado los agentes del gobierno americano.

Ahora la balanza estaba de mi lado, los agentes federales debían preocuparse por lo que yo pudiera decir o hacer con respecto al accidente sufrido. Alex entró a mi habitación con uno de mis abogados, un cubano que el gobierno tenía bajo investigación, pues durante el ejercicio de su actividad él había demostrado que era un profesional extremadamente hábil.

Desde un principio supo utilizar trucos para defender a sus clientes, actitud que le permitió ganar muchos casos en juicios en los que sus clientes habrían salido condenados. Con la presencia de éste abogado en el hospital, los fiscales quedaron un tanto desconcertados pues dedujeron que yo estaba preparando una jugada.

Los médicos determinaron que me podían dar de alta, mi abogado repetía que si me pasaba algo por haber salido del hospital antes de tiempo, demandaría hasta el último médico del hospital, lo tranquilicé, pues tenía un asunto que resolver con los federales por la broma del plátano y no quería tener choques con el gobierno.

Es mejor evitar peleas con los americanos, pues aunque parecen tontos, tienen algo que no posee mucha gente; "Poder" y mucho dinero en dólares.

No soy estúpido, prefiero estar con el que más fuerza tiene, porque las mías son débiles, pero junto a las de un poderoso se hacen fuertes. No quería pleitos, así que tranquilicé a mi abogado que tenía aquel sitio como un avispero.

Salí del hospital con la promesa de que al día siguiente iría al FBI para explicar lo sucedido en los alrededores de la casa de la "dama misteriosa". Alex me acompañó, despedimos a mi abogado que quería seguir a mí alrededor por si teníamos que demandar luego. Nos dirigimos a la oficina, todo el trabajo estaba atrasado, había varias llamadas sin contestar y decisiones pendientes que únicamente podía tomarlas yo.

Alex mi asistente quiso comenzar una conversación adelantándome para decir:

-Esta gente está metida en un tremendo problema, si se descuidan usted le meterá el zapato por el trasero.

-No lo digas tan alto, que es un secreto entre tú y yo.

-Este hombre no tiene remedio.

-Dale un chequeo a la competencia.

Le envíe el mensaje de que era posible que estuviéramos micrófonos por todo el recinto

Alex entró a la oficina e inició un sistema de búsqueda para evitar sorpresa en esta parte de la pelea que estábamos librando contra todos, los malos y los buenos.

-Siempre le he dado mi opinión, creo que no estás en condiciones de comenzar a trabajar.

Me dijo cariñosamente Alex mi asistente.

-Desde el primer día pude salir del hospital, pero quise darme unas cortas vacaciones, creo que me las merecía.

-Mientras yo me preocupaba, usted estabas pasándola muy bien allá.

Accionábamos nuestro detector de micrófonos que teníamos para saber si alguien interfería en nuestro espacio privado, cuando regresó dijo:

-Podemos hablar, está escuchando todo el planeta.

Esto indicaba que podíamos hablar de todo, menos del caso que nos ocupaba, pues estábamos invadidos de micrófonos. Salimos de la oficina a tomar el aire fresco de la ciudad, que se caracteriza por sus enormes playas y la brisa del verano en pleno invierno.

-¿Revelaste las fotos?

-¡Huy!, eso es prueba de que no perdió la memoria.

-Déjate de payasadas y dime dónde están las fotos.

-Tengo unas copias con los negativos en una caja de banco, las otras las traigo conmigo en el bolso.

-¿Por qué tanta precaución?

-Se sorprenderá cuando veas las fotos.

-No perdamos tiempo, dame el sobre.

Alex sacó un enorme sobre de su bolso y me lo pasó, comencé a chequear las fotos que había tomado, buscando algo que me tenía muy inquieto. Las primeras imágenes mostraban a la encantadora Viviana saliendo del auto negro estacionado frente al banco, el material que había logrado mi asistente era clave en esta Investigación.

-¡Aquí está!

Dije al mirar la foto.

-¿Qué tienes ahí?

-Mira a este tipo, cuando ella está entrando al banco, él lleva un maletín marrón, se le pega en la puerta y después ella sale con el mismo maletín.

-¿Qué puede ser eso?

-Una de dos, o está guardando dinero en ese banco o fue a sacar una suma considerable.

-Si fue a depositar dinero a la sucursal bancaria, ¿por qué regresó con el maletín?

-Creo que el maletín entró vacío y salió lleno.

-Esto cada día se complica más.

-¡Aquí no están todas las fotos que tú tomaste!

-Esa es la sorpresa que le tengo.

-¿Cuál es la sorpresa?
-Averígüelo usted.

Comencé a ver las otras fotos obtenidas por Alex, entre ellas había una linda mujer entrando en un banco diferente en el centro de Miami; El Bank Of América, y con otro flamante Mercedes negro parqueado al frente.

-Aquí está nuevamente el maletín marrón.

-Como podrás notar, este hombre está parado en la puerta del banco, cuando ella se acerca, él le da el maletín, una hora después ella sale del banco con el maletín en las manos, toma su auto y se dirige a la casa.

-Hay una cosa que no te has dado cuenta, que la mujer que yo perseguí, es la misma dama que tú seguías.

Le indiqué a mi asistente sorprendido de esta alarmante situación.

-No entiendo.

-Mira esta foto tomada por ti y esta mía, ¿no es la misma persona?

-¡Oh, Dios mío!

Se sorprendió Alex, cuando se dio cuenta de lo que estaba presenciando.

-¡Cómo puede ser esto, ambas son iguales!

-¿Serán gemelas?

-Esto sí es una sorpresa.

-Hay que trabajar, iremos al Bank of América, donde tomaste esas fotos, tengo una amiga que me debe un favor, es momento de hacer efectiva esa pequeña deuda.

Salimos en dirección a la sucursal bancaria donde mi amiga tendría que ayudarme porque en definitiva ella conservaba su puesto de gerente general por mi astucia de investigador cuando la salve de una cárcel segura desgraciando su vida envuelta o en complicidad aparente con un grupo de criminales que la estaban trabajando para hacerle un robo al Bank Of América de Miami Florida en Estados Unidos.

La banquera enamorada y estafada

Salimos de los alrededores de la oficina y nos dirigimos al banco, tomamos las precauciones del caso, por si a algún metido se le ocurría seguirnos, doblamos en tres ocasiones por calles sin salida esperando movimientos de autos sospechosos que anduvieran detrás de nosotros.

Comprobamos que íbamos solos. Entramos a la institución y anoté mi registro en el libro de visitas, usando otro nombre para ocultar mi identidad y evitar que alguien saliera implicado posteriormente, previendo que algo de la investigación pudiera salir a relucir en un futuro. Esperé a que mi amiga se desocupara.

Conocí a Josefina Payán, gerente del Bank of América en el año 1993 en una situación muy delicada.

Todo comenzó para mi amiga la gerente del banco con el ingreso de su asistente a su despacho para informarle acerca de una novedad que se estaba presentando en el lobby:

-Tengo un hermoso hombre con $250.000 dólares queriendo abrir una cuenta corriente.

-¿Quién es?

Preguntó Josefina inmediatamente su fino olfato detecto un posible cliente de importancia para su entidad financiera.

-Se llama Tomy Pérez.

-¿Tú qué opinas de él?

-Huuyy, qué bombón, hacía mucho tiempo no veía un ejemplar tan interesante.

-No pierdas tiempo mujer, dime donde está.

-Te lo pondré de tarea, observa a todos los clientes que están en la sala del banco y de seguro adivinarás.

La gerente se inclinó y miró a través del cristal traslucido, pintado de oscuro cerca de su escritorio, que le permitía ver los movimientos de clientes y empleados sin que ellos pudieran verla.

-Es el de traje negro.

-Que fácil fue adivinar.

El hombre sobresalía entre todos los asistentes que se encontraban en ese momento en el banco. Era un joven de aproximadamente 29 a 30 años, vestía un traje negro de muy buena calidad. Sus zapatos brillaban, en la mano derecha se distinguía un anillo de graduación que combinaba con su reloj de oro en la muñeca izquierda. La asistente no se había equivocado, el hombre estaba fuera de serie.

-Creo que esa cantidad es muy alta para abrir una cuenta, podría ser un futuro cliente importantísimo, hazlo pasar a mi despacho.

-¡Huuuuyyyyyy, sabía que me lo quitaría!

-Hay que cumplir con el deber, es lo más importante en este negocio.

Respondió con seriedad la alta ejecutiva del banco.

-Lo haré pasar jefa, espero que te lo levantes y mañana cuando estés en la cama con esa perla te acuerdes de mí.

-Déjate de comentarios tontos.

La secretaria salió al encuentro del cliente que iluminaba el recinto con su apariencia impecable y su belleza de rey.

-La gerente lo atenderá personalmente tan pronto termine una conferencia que la tiene ocupa en estos momentos.

-Gracias, ustedes son muy atentas.

Mi amiga la gerente del banco tomó su cartera y se deslizó por una puerta lateral que daba al baño de su oficina, para darse los retoques de pintura labial y otros ajustes que acostumbran las mujeres cuando están en plan de conquista. Diez minutos después entró nuevamente a su despacho como toda una reina y le anuncio por el comunicador interno del banco a su asistente que hiciera pasar al señor que estaba solicitando abrir una cuenta de cheques con $250.000 dólares.

-¡Buenos días señor Pérez!, tome asiento por favor.

-Gracias.

-Mi nombre es Josefina Payán, gerente general de esta sucursal bancaria, aquí está mi tarjeta de presentación.

-Tomy Pérez, mis amigos me llaman Tom, esta es la tarjeta de una de mis empresas.

-Muchas gracias Tom. ¿En qué le podemos ayudar?

-Estoy trasladando una de mis compañías al Estado de Florida y consideré que debía tener mis cuentas en el banco de mayor prestigio del país.

Fueron las palabras mágicas que empleó el hermoso Tom para iniciar el contacto que le garantizaba $500.000 dólares de ganancia en tres meses.

Todo marchó exitosamente, la cuenta fue abierta, dejando a todas las cajeras y secretarias del Banco con las hormonas alborotadas, preguntando en los pasillos, quién era el papacito del traje negro.

Esto demuestra que las mujeres, cuando ven un cuerpo atlético y una cara hermosa, piensan más en sexo que los hombres. Una hora después de aquel acontecimiento llegó al banco una canasta exageradamente grande con rosas rojas y una botella de vino Francés Armagnac Vieux de 1875 valorada en $950.00 dólares.

La tarjeta del ramo de flores, con bordes dorado, reluciente como el oro, estaba acompañada de unas letras de molde, que decían:

"Señorita Josefina, gracias por sus finas atenciones" .Tom

Aquel acontecimiento fue de película, únicamente se hablaba del hombre que enamoro la gerente del banco gastándose unos miles en cortejarla con una canasta de rosas rojas y una botella de vino inigualable, añeja y sumamente cara.

Una semana después, Tom se presentó nuevamente en el banco, quería avisar que a su cuenta le llegaría una transferencia desde Suiza por la suma de dos millones de dólares.

Una hora después llegó otra inmensa canasta, esta vez de claveles, con otra costosa botella de vino: Alión Reserva 2007 con un valor aproximado de $450.00 dólares y una nota que decía:

"Estás invitada a cenar el viernes, si me dejas elegir el sitio será una noche larga y memorable para los dos". Tom

Esta segunda canasta de flores con su exótico vino confirmó lo que se decía en todas las sucursales de la institución en el Estado de Florida sobre, Tom el enamorado de la gerente.

Las chicas del banco comentaban que la gerente se había sacado el premio gordo, pues el apuesto hombre parecía estar enamorado a simple vista. Al día siguiente, una secretaria llamó al banco solicitando hablar con la gerente, pues le tenía un mensaje del señor Tom.

-Josefina, a sus órdenes.

-Gracias, soy Cristina, la secretaria privada del señor Tom.

-¿En qué le puedo ayudar?

-El señor quiere saber a qué hora puede pasar a buscarla el viernes.

-Dígale al señor que no sé si pueda acompañarlo.

-Muchas gracias.

Ese miércoles cuando el banco cerró al público, Josefina llamó a su asistente que era su amiga de confianza dentro del negocio financiero.

-Te quiero consultar algo, porque sé que tú me darás la opinión más sincera y honesta que yo pueda escuchar sobre el tema.

-¿Qué pasa jefa?

-Tengo un cliente que me ha invitado a cenar.

-Seguro que es el millonario.

-Sí.

-¿Cuándo será ese acontecimiento?

-Le dije a su secretaria que no estaba segura de sí podía acompañarlo.

-¡Tienes que estar loca!

-No te lo niego, es el hombre ideal, tú sabes que ya tengo 45 años y no quiero hacer el ridículo.

-Dame el teléfono de ese hombre.

-¿Tú crees que es lo correcto?

-Por el maldito miedo es que todavía no te has levantado un hombre.

La asistente de la gerente tomó el teléfono y llamó a la secretaria de. Tom.

-Le habla la asistente de la gerente del Banko of América para confirmar su cita con el señor, Tom.

-Un momento por favor.

-El señor dice que estará pasando a buscarla a su casa a las 5:00 de la tarde, pues la presentación de, Luis Miguel en Cancún es a las 8:30 de la noche.

-Dígale al señor que mi jefa estará lista a esa hora.

La comunicación terminó y las dos mujeres se quedaron unos segundos en silencio.

-Prepara tu pasaporte que verás a Luis Miguel en concierto en, Cancún, México.

-¡Estás loca!, ¿cómo voy a ir a. México con un desconocido?

Mientras la asistente soñaba con lo que podía pasar, timbró el teléfono privado de Josefina.

-Josefina, a sus órdenes.

-Le habla. Tom.

-¿Cómo está señor, Tom?

-Muy bien la estoy llamando para que invite a otra persona que vaya con nosotros, pues tengo tres boletos en primera fila y sería un crimen dejar perder un tike de ese concierto.

-Muchas gracias, veré a quién invito.

-De acuerdo, hasta el viernes.

Una vez Josefina hubo terminado con la comunicación, la asistente quiso saber lo que había dicho el romántico millonario.

-¿Qué dijo tu macho?

-Que tienes tres boletos en primera fila y quiere que yo invite a alguien a ir con nosotros.

-¿Y?

-¿Tienes tu pasaporte al día?

-¿Me estás diciendo que vaya contigo?

-Así es, amiga.

El abrazo de su asistente fue fulminante, quería comérsela a besos, la alegría fue desbordante para la mujer amiga de la gerente bancaria.

El viernes Josefina salió del banco a las 12:00 del medio día y despachó a su asistente para que se preparara y estuviera en su casa a tiempo para cuando las recogiera el millonario.
La limosina de Tom estaba estacionada desde las cuatro de la tarde frente a la casa de la gerente del banco.

Eran las 4:45 de la tarde cuando las dos mujeres estaban rodando hacia el aeropuerto, donde las esperaba en el bar del avión privado el señor Tom. El viaje a Cancún desde Miami tomó, una hora y media, todo fue de primera.

Se hospedaron en dos suites del refinado cinco estrellas hotel Ritz Carlton en Cancún México. Aquello fue todo de altura o película lo que esta mujer estuvo por 45 años esperando que llegara este príncipe azul, porque en medio del espectáculo, Luis Miguel el artista del momento le dio la bienvenida y las gracias por estar en su concierto a Josefina Payán, la gerente general del Banko of América en la ciudad de Miami Florida Estados Unidos.

¡Esto sí que era vida!

En la cena el desborde de elegancia fue completo, tres violinistas tocaban canciones de amor en una terraza privada que daba a la orilla del mar. Los amores del millonario con Josefina eran la noticia del día en el banco y en los círculos de amistades de la gerente bancaria.

Habían pasado tres meses, todo marchaba bien, los negocios de trasferencias y pago de cartas de crédito con el Banco progresaban en la cuenta del señor, Tom, este tenía movimientos de más de un millón de dólares mensuales.

Por esos días. Tom se hizo presente en el banco.

-Mi amor, tengo un negocio que quisiera dárselo a tu banco.

-¿Cuál es el negocio?

-Pondré una franquicia de Western Unión y depositaré un millón de dólares para sacar la orden de los Money Order.

-Lógico mi amor, tú sabes que puedes contar con el banco.

-Si me da tu apoyo mañana haré la transferencia del millón de dólares desde mi banco en Suiza. Otra cosa, ya estoy cansado de esta soltería, nos casamos en dos meses. Tienes que encargarte de los preparativos y fijar la fecha, aquí te dejo este cheque en blanco firmado para los gastos, y recuerda quiero algo fuera de serie, vendrán unos jeques Árabes que son gente millonaria.

Todo lucía muy bien para los ojos de Josefina, que le dio la autorización a su amado Tom para que la imprenta les hiciera los Money Order.

Una mañana recibí la llamada de mi amiga Josefina, la banquera, para decirme que me invitaba a su matrimonio en dos meses.

-Quiero que vengas a mi boda.

-Huuuuuyyyyy, por fin alguien te hizo caso.

-Tienes que conocerlo, además de ser millonario es un hombre hermoso en todos los sentidos.

-Por supuesto que ya te lo cogiste.

-¡Dios santo que lengua tienes!

-Sí, o no

-Sí, jajajajaja

-¿Cuándo lo conociste?

-Hace aproximadamente tres meses.

-¿Qué edad tiene tu Romeo?

-Cumple 30 años, en dos meses, nos casaremos el día de su cumpleaños.

-Eres mi amiga y te tengo que decir lo que pienso.

-No quiero escuchar cosas negativas.

-Te lo diré de todas formas, no me gusta lo que escucho.

-Por favor Ángel Martínez, deja el negocio a un lado por una vez en tu vida.

-Le haremos un chequeo para ver si está limpio.

-¿Qué es lo malo que ves en mi, Tom?

-Tienes 45 años y este hombre 30, recién lo acabas de conocer y ya te casas en dos meses.

-Tú siempre buscando maldad donde no las hay.

-Haremos algo, me das los datos de tu Romeo, si encuentro algo sucio y no te casas, me pagas la investigación, de lo contrario, si no hay nada te regalo el sistema de cámaras de vigilancia para la que será tu mansión, pues si es un millonario imagino, ¿te comprará una casa nueva?

-No me convence que andes hurgando en la vida de quien muy pronto va hacer mi marido.

-Si no haces lo que te pido y resulta algo turbio en la vida del que será tu marido me daría mucha pena por ti, pues te conozco y sé lo valiosa que eres como persona, de todas maneras me alegro por ti, iré a tu boda.

La conversación terminó, yo quedé con un sabor amargo por no poder hacer lo que se debe cuando se toma una decisión de esa magnitud, mi disgusto no duró mucho tiempo, unos minutos después de aquella conversación sonó mi teléfono celular.

-Anota los datos de, Tom.

-¡Esa es mi chica!

Comencé la pesquisa sobre el millonario novio de mi amiga banquera. Al día siguiente le monté vigilancia al opulento, Tom.

Salió de su flamante apartamento en el edificio, Le Gran, donde viven los artistas más renombrados del mundo en la ciudad de Miami. Eran las 10:00 de la mañana, lo seguimos con tres automóviles, mientras se dirigía a su oficina en Brickell Ave. una de las arterias comerciales más elegantes del sur de la Florida, a la una de la tarde salió muy aprisa, detuvo su auto deportivo en la calle ocho, en el parqueo del restaurante, La Carreta, al salir del vehículo se le acercaron dos personas, un hombre de unos 43 años aproximadamente y otro joven de unos 25 años.

Nuestro perseguido dejó su auto parqueado y subió al de las dos personas. Anoté la chapa del auto de los amigos de Tom y la de él, para llamar a mi asistente Alex a la oficina para que buscara en el sistema de computadora y me dijera quién era el dueño de estos automóviles.

Transcurrió un tiempo aproximado de treinta y cinco minutos y llamé a mi oficina, Alex tomó la llamada:

-Gracias por llamar pues en este momento estaba pensando hacer lo mismo.

Exclamó Alex al contestar el teléfono.

-¿Qué hay de nuevo sobre los datos que te di para que indagara sobre a quiénes pertenecen estos autos?

-Los datos que me dio para rastrear en la computadora pertenecen al señor Tomy Pérez. De profesión modelo y residenciado en New York, conseguí el teléfono de su casa. Marqué el número y me contestó el dueño de la residencia, el señor Joan Snaider y me dijo que, Tom estaba en Miami, Florida, terminando un contrato de trabajo con una compañía alemana y que estaría de regreso en dos o tres semanas.

-¿Averiguaste algo adicional?

-Seguí hablando con el viejo casero de Tom, le dije que teníamos un contrato para él por un año y le dejé los datos de un teléfono en California para que se comunicara, Joan dijo que trataría de darle el mensaje.

Una vez hube colgado el teléfono, mi asistente dejo el siñuelo para que, Tom nos buscara por su cuenta, vi desde mi automóvil que el novio de mi amiga banquera había regresado al parqueo del restaurante, La Carreta.

Salió del parqueo caminando para abordar otro automóvil diferente que estaba parqueado frente al lugar, así que me comuniqué otra vez con Alex y le dije:

-Voy en camino para la oficina, esta vez no seguiré más a Tom, pero consígueme más información sobre él, también te daré una chapa de otro automóvil.

-¿Qué hago con esa información cuando la tenga?

-Quiero me tengas el reporte de a quién pertenece ese auto cuando nos encontremos en nuestra oficina.

Cuando llegue Alex me tenía 300 páginas de información sobre el señor Tomy Pérez, estábamos preparando toda la información que llegaba por el sistema de computadora para salir corriendo al banco donde mi amiga la banquera, se mordía las uñas, desesperada en espera de mi reporte para saber quién era su futuro marido.

La chapa del automóvil que recogió a nuestro investigado frente al restaurante. La Carreta en la calle ocho nos dejó más preocupados cuando supimos quién era el dueño. Pertenecía a un delincuente llamado Jergal Sansón, atrapado por el FBI en una estafa de doscientos cincuenta millones de dólares en un préstamo bancario a una entidad en Israel, este estafador había salido de la cárcel bajo fianza hacía un año, mientras el caso avanzaba en los tribunales de Boston, Estados Unidos.

Ya era tiempo de tocar la alarma con mi amiga banquera. Me puse en comunicación con ella.

¿Dónde está tu novio en estos momentos?

-¿Pasa algo?

-Desde este momento no me hagas preguntas, escucha con atención.

-Me estas poniendo nerviosa.

-Sé que el banco está haciendo algunos negocios con, Tom.

-¿Cómo te enteraste?

-Te dije que no me hagas preguntas solo escucha.

-De acuerdo.

-Quiero que cuando nos encontremos me tengas todos los antecedentes encima de tu escritorio, no hables con él hasta que conversemos, te adelanto que tu novio, no es quien dice ser, hay un fraude montado en contra de tu banco y tú has sido elegida como conejillo de indias.

-¡Que!

-Lo que te digo es pura sospecha pero creo estar sobre la pista correcta.

-¡No, esto no me puedes estar pasando!, ¿debo llamar al FBI?

-Te veo en quince minutos en tu oficina, ¡no llames a nadie!

Mi asistente tomó la documentación que habíamos obtenido del sistema de bases de datos que sacamos de las computadoras y partimos hacia el banco. Las piezas comenzaban a unirse, los delincuentes tenían una estafa en su fase final y debíamos movernos con rapidez si queríamos que ésta no se realizara y dejara a mi amiga banquera engañada con semejante problema.

Cuando llegamos al banco impartí órdenes de no pasar llamadas de ninguna persona a la gerente, estaría ocupada en una reunión, las secretarias debían tomar notas de todos los mensajes y solamente si llamaba el señor, Tomy Pérez, podía ser transferido a la línea de gerencia.

-Hay una estafa en camino, tenemos que cubrir todos los vacíos que puedan perjudicarte.

Le dije muy serio a mi amiga banquera inmediatamente entre a su oficina.

-¡Dios mío!

-¿Cuánto dinero hay en las cuentas que tiene el Señor, Tom?

Pregunté apresuradamente a Josefina.

-Quedan $268.000 dólares en la cuenta corriente que el maneja.

-¿Cuál es el negocio que tiene tu banco con ese individuo?

-Una franquicia de Money Order.

-¿Tú autorizaste hacer la impresión de doscientos millones en Money Order?

-Nooo, lo único que haría la imprenta es de un millón de dólares en Money Order.

-Averigüe que se dio la orden de imprimir en una imprenta de la ciudad esa cantidad monstruosa.

-¡No puede ser!

-¿Cómo puedo sacar este dinero que queda en la cuenta de, Tom sin dejar huellas?

-Tengo un cheque para los gastos de la boda firmado en blanco por: Tom

-Has un cheque por $267.000 mil dólares a nombre de Spike Anderson.

-¿Quién es ese hombre?

-Tenemos que seguirle el juego a estos delincuentes.

-Por favor haz lo que tengas que hacer pero no dejes que este hijo de puta me entierre viva.

-Esto es lo que te costará esta investigación.

-¿Cuánto es que tengo que pagarte?

-No, tú no pagaras nada, le cobraré a, Tom por su investigación.

-¿Cómo haremos eso?

-Quiero que me entregues esos fondos en cash y te protejas con el cheque que dejó, Tom.

-No entiendo

-Me cambias el cheque y enviamos los fondos en una transferencia bancaria a esta cuenta fuera de Estados Unidos.

-¡Dios en que jodido problema estoy metida!

-Tú no tendrás problemas. Cuando comiencen a llegar los Money Order y la cuenta no tenga fondos tú llamas al FBI.

-Me voy a morir, estoy temblando.

-Creo que después que le vaciemos la cuenta, tú cierras todas las operaciones que tenga ese delincuente con tu banco.

-¿Qué me pasará?

—Déjate de monerías, es tiempo de demostrar lo que eres, una mujer con pantalones.

-Sí pero los federales estarán haciendo preguntas cuando esto salga a la luz.

-Le cuentas todo al FBI, ellos no te culparán de nada y perseguirán a estos rufianes hasta detenerlos, diles lo del viaje a México y para tu información el avión es rentado, algunos de los autos que tiene también, el apartamento que tiene es rentado.

-¡Dios mío!

-Tom es de Nueva York y trabaja como modelo, fue contratado para que te enamorara por tres meses y así conseguir la autorización tuya para la franquicia de los Money Order, todo obedece al montaje de una operación fraudulenta en contra del Banko of América en la que tú estás en el medio.

El FBI entró en la Investigación, una persona fue arrestada, Tom está prófugo en Europa y los delincuentes cambiaron algunos de los cheques Money Order en Centroamérica y otros en los Estados Unidos.

Mi amiga fue descargada de toda responsabilidad por ser una víctima a cargo de la gerencia de una sucursal del banco que mueve miles de millones de dólares en el sur de la Florida, específicamente en Miami, Estados Unidos.

Los delincuentes me pagaron su propia investigación y mi amiga banquera está en deuda conmigo hasta el día de su muerte por haber descubierto lo que jamás pasó por su mente que le estuviera pasando.

El investigador investigado

Josefina vino a nuestro encuentro con una flamante sonrisa cuando me vio llegar.

-¡Qué gusto tenerte por aquí!

-El gusto es mío.

-Me da escalofrío cuando vienes por mi despacho, aquella historia fue algo que ni en sueños pensé que me podía pasar.

Comentó, refiriéndose al intento de estafa por el que había pasado hacía varios años.

-El destino quiso que me ganara esos dólares que quedaron de esa famosa operación.

-¿Averiguaste donde está, Tom?

-Para mí ese caso está cerrado, creo que anda por Europa.

-Tienes razón, pasen a mi despacho.

-Gracias, tú siempre tan gentil.

-¿Cómo puedes soportar tener a este hombre tan galante y atractivo al lado sin enamorarte de él?, porque si yo me pasara el día con este varón, sería capaz de violarlo.

Dijo Josefina a mi asistente Alex, con una sonrisa de placer por la amistad que nos unía por tanto tiempo.

-No todo lo que brilla es oro, recuerda lo que te pasó.

-Eso es el pasado, hay que seguir adelante, no sé cuáles serán tus gustos pero yo sí creo que éste es oro de 18 Kilates.

-Me alegro por ti y por él, pensándolo bien creo que hacen una pareja fantástica. Jajajajajajaja

Bromeó Alex, estallando todos en una escandalosa carcajada.

-Dejen de tomarme el pelo, ¿gustan algo de tomar?

-No te preocupes por eso.

-Ángel Martínez, ¿cuál es el motivo de tu visita?, si vas a abrir una cuenta corriente, te daré una oferta que tiene el banco para que no pagues por servicios.

-No se trata de eso, tú has sido mi amiga por mucho tiempo y quisiera pedirte un favor muy especial.

-Para eso me tienes, soy tu fiel servidora.

-Es algo en lo que por lo delicado del caso quisiera la mayor discreción.

-Déjate de tanto rodeo, me conoces y sabes que eres mi amigo.

-¿Conoces a esta mujer?

Dije mostrándole la foto que Alex había tomado durante el seguimiento de la: "dama misteriosa"

-Sí, claro, es Marcela Montoya.

-¿Es cliente del banco?

-Sí, es uno de los mejores clientes que tenemos.

-¿Puedes entrar a su cuenta?

Mi amiga se puso blanca como un papel y me miró fijamente a los ojos.

-¿Esta mujer está en problemas?

-Estoy conduciendo una investigación y ella salió a relucir.

No quería decirle a mi amiga más de lo que debiera saber para no comprometerla en el futuro si luego los federales querían pedir un informe completo al banco.

-Tengo 12 años trabajando en este banco y esto me puede costar el puesto.

-Si no me puedes ayudar no hay problema, te entiendo.

-Te la jugaste primero por mí, estoy en deuda contigo.

-Eso no me da derecho a ocasionarte un problema.

-¿Qué quieres saber?

-¿Cuáles son los movimientos en su cuenta en la última semana?

Mi amiga ingresó al sistema y mientras oprimía más comandos del teclado de la computadora, su semblante cambiaba de color.

-Tu querida amiga retiró esta mañana tres millones de dólares, entre cheques viajeros y efectivo.

-¿Cuál es el saldo de su cuenta en estos momentos?

Al fijarse en el monitor de la computadora sus ojos se agrandaron, respiró hondo y me dijo.

-Le quedan $67. millones de dólares, ¿se te ofrece algo más? porque tengo demasiado trabajo atrasado, tienes que marcharte, debo trabajar.

-¿Me puedes conseguir un extracto de los movimientos que esa cuenta ha tenido durante los últimos cinco meses?

-¡Te has vuelto loco!

Josefina apagó la computadora y se levantó de su asiento como quien ya ha terminado todo su trabajo. Alex y yo estábamos sorprendidos, no me atreví a pronunciar palabra alguna, no sé cómo pude abrir la boca.

-¿Puedo invitarte a cenar un día de estos?

-Pasa por mi casa mañana a las diez de la noche, no antes ni después, y aceptaré tu invitación, sigo creyendo que hacen una pareja excepcional.

Añadió mi amiga con una mueca de sonrisa en su hermosa cara que aun con los años conservaba unos rasgos encantadores con mucho parecido a una pera madura que esta por caer de su rama.

-Eso no lo dudes chiquita, Alex no sabe lo que se pierde, te veo mañana.

Dije este comentario en tono de broma, dimos media vuelta y nos marchamos más confundidos que cuando llegamos. Con razón los federales estaban tan interesados en la casa que vigilábamos. De todas maneras habíamos avanzado en la investigación de la desaparición del esposo de mi cliente y sus ayudantes, ya sabíamos que no se trataba sólo de una "dama misteriosa", sino de dos. Marcela Montoya, la que Alex había seguido al Banko Of América y Viviana Montoya, la que yo seguí al City Bank.

Teníamos que resolver algunos problemas que entorpecían el trabajo que estábamos realizando con esta Investigación. Uno de ellos era con la oficina del FBI, porque con los federales no se puede dejar nada al olvido.

Al día siguiente llamé a mi amigo, Manuel Fernández, un supervisor de la agencia para manifestarle que si no se arreglaba la situación, demandaría al gobierno por el maltrato físico que fui objeto cuando sus agentes en su afán por quitarme las evidencias que había conseguido con mi trabajo, me dieron una paliza enviándome al hospital. Manuel me citó para el día siguiente en la oficina central del FBI.

Me presenté a la cita con Alex mi asistente, y ciertas evidencias que el gobierno no tenía de la investigación. En la reunión participaba un fiscal, un supervisor, dos agentes y mi amigo Manuel Fernández, con quien había trabajado en algunos casos contra el crimen organizado mundial. El primero en hablar fue el fiscal.

-Antes de que comencemos esta reunión procederé a leerle sus derechos para que nos entendamos mejor.

-Un momento le voy a ahorrar tiempo señor fiscal, antes de que siga quiero que sepas que si es así, volveré en otro momento cuando mi abogado esté presente.

-Es puro formalismo nada más.

-Alex, salgamos de aquí, este hombre quiere tomarme por estúpido.
- Su actitud es muy agresiva, señor Martinez.

¿Usted quiere hacerse el gracioso conmigo?

Dije volteándome hacia el fiscal.

-Tiene un proceder raro señor Martínez, aquí yo soy la autoridad.

-¿Después que me diga que todo lo que yo hable puede ser usado en mi contra, abriré la boca?

-Eso es para proteger la póliza del FBI.

-Si su posición es leerme mis derechos, yo me retiro y nos vemos en la corte o, de la orden como usted es la máxima autoridad aquí, para que se me arreste.

Ante mi discurso, mi amigo Manuel tomó la palabra.

-Tranquilicémonos y comencemos de nuevo por otro camino que no sea el del enfrentamiento.

En cualquier entrevista que tenga una persona con un policía o fiscal, estos proceden a leerle sus derechos y decirle que cualquier cosa que diga podrá ser utilizada en su contra, es por esto que no quise caer en el juego de los federales que con una ingenuidad practicada te complican el caso para luego envolverte sin darte cuenta en un caso donde te acusaran hasta de lo que nunca imaginas.

Tuve la intención de abandonar el recinto de la oficina federal donde se iba a efectuar la reunión, pues me querían incriminar no sé en qué, pero ellos llevaban ventajas si me leían mis derechos y seguía hablando.

-Si estoy aquí es porque tengo las mejores intenciones de que lleguemos a un acuerdo. Pero es mejor que llame a mi abogado.

Manifesté a los detectives y al fiscal que me estaban subestimando.

-Olvídese de todo esa pendejada de leerle los derechos, dígame qué pasó.

Sentenció Manuel Fernández quien tomo la dirección de la entrevista que se me estaba haciendo.

-El asunto comenzó cuando me acerqué al auto desde el que hacían la vigilancia los agentes del FBI. Mi asistente Alex llegó al apartamento de vigilancia a las cuatro de la madrugada y ustedes lo hicieron aproximadamente a las 8:30 de la mañana. Nosotros teníamos algo que el gobierno no tenía, sabíamos de los últimos movimientos ocurridos en la casa y nuestra intención era ponerlos a ustedes al tanto de la situación.

Estaba impresionando con mi discurso, hablaba sin parar haciendo un súper esfuerzo para salir de este problema de la mejor manera.

-¿Qué pasó en la casa antes de que nosotros llegáramos?

-Eso se lo diré más adelante. Cuando me acerqué al auto, los agentes me trataron con desprecio, me dijeron que si no me marchaba del lugar me arrestarían, y se burlaron de mí, porque me estaba mojando con la fuerte lluvia que caía en esos momentos, después de ver semejante estupidez de sus agentes, me marché.

Uno de los agentes federales que estaba presente salió como un disparo defendiendo su posición desmintiendo todo lo que estaba diciendo, porque mis palabras les estaban causando serios problemas a los dos agentes que no me escucharon.

-Eso es mentira, usted fue al supermercado a comprar un banano.

-¿Un banano?

-¡Si un banano!

-¿De qué habla este hombre?

El agente casi me rompe el tímpano del oído cuando pego lo suficiente su boca al oído derecho, alzando la voz lo más que pudo.

-¡Usted sabe a lo que me refiero!

-Si estamos aquí es para tratar este asunto con la verdad.

-¡Usted es un mentiroso de mierda!

-Este hombre tiene un desorden de comportamiento porque aquí todos estamos tranquilos y el chilla como una mujer celosa.

El federal que perdió la vigilancia cuando su auto se le descompuso cerraba los puños y apretaba la mandíbula, lo tenía fuera de control tomando la palabra el fiscal para calmar la situación.

-Por favor dejemos las ofensas y tranquilicémonos.

-Si me deja terminar la idea puedo aclarar todo.

-Continúe, pero le recuerdo que por esa broma usted puede ir a la cárcel.

-¿De qué broma habla usted?

-La que hizo.

-Usted no tiene pruebas de que yo haya hecho algo ilegal, yo sí le puedo demostrar la paliza que sus agentes me dieron, con la que me mandaron tres días al hospital, su departamento podría ser demandado por millones de dólares.

-Por favor, mantengamos la calma.

Intervino mi amigo federal, Manuel Fernández.

-Tengo información que le conviene al gobierno americano y es mejor que lleguemos a un acuerdo.

-Dígame todo lo que sabe y nos olvidaremos del incidente.

-Le diré todo lo que sé y ustedes me pagarán los gastos que he hecho en equipos para esta investigación.

-¿Cuánto ha gastado en equipos?

-$50.000 dólares.

-¡Este hombre está loco!

-Si los demando y nos vamos a la corte, pediré algo que los pondrá realmente locos.

-¡Este señor está fuera de control!

-Les garantizo que cuando saque mi artillería pesada los que perderán el control serán otros.

-Si lo que nos va a decir es de mucha importancia y nos lleva a terminar el caso, le doy lo que nos está pidiendo.

-Trato hecho.

Salté como un león cuando logre ablandar la posición del fiscal que era la única autoridad que podía tomar decisiones en el salón donde estábamos reunidos.

-Adelante queremos saber que tanto tiene.

-No he visto ningún documento firmado que asegure el cumplimiento de alguna obligación en esta reunión.

-La palabra de un verdadero guardián de la justicia es ley.

Dijo en tono de grandeza el fiscal moviendo su cuerpo en el sillón donde estaba sentado.

-Seguiré hablando bajo mi propio riesgo, si no llegamos a un acuerdo nos veremos la cara nuevamente, eso es seguro.

No tenía nada que perder en esta situación y una gran posibilidad de ganar dinero y paz con una de las naciones más poderosas del planeta tierra. Procedí a contarle todo, desde el comienzo del caso hasta el episodio de la llegada en horas de la madrugada de personas en un taxi amarillo, les di el nombre de la dama misteriosa, Marcela Montoya cosa que ellos sabían según su posición, pero oculté que existían dos mujeres misteriosas. Guardándome el nombre de Viviana Montoya.

Al final hice las paces con los federales, quienes se quedaron con las evidencias y me devolvieron las cámaras de video y computadoras que habían incautado de mi oficina y del apartamento de vigilancia.

Llegamos al acuerdo de que si descubrían algo más nos llamarían para ponernos al tanto, cosa que jamás cumplirían, pero le hice creer que estaba convencido que ellos me ayudarían en mi Investigación. Desde ese día los federales tomaron el caso con mayor cuidado, pues las cosas eran más grandes de lo que pensábamos todos.

Cuando salíamos de la oficina central del FBI, Alex me preguntó:

-¿Le pagarán los $50.000 dólares?

-El agente Manuel Fernández siempre que me ha prometido algo lo ha cumplido. Hay algunos agentes que hacen promesas y después se limpian las manos, pero como la promesa vino del fiscal no estoy seguro.

Una investigación incómoda

Nos dirigimos hacia el apartamento de vigilancia para sacar lo poco que quedaba dentro, cuando llegamos nos acercamos a la oficina de Laura, la encargada del lugar, notando Alex que ella se encontraba llorando.

-¿Qué le pasa Laura?

-Nada, nada.

-Como sabrá, somos investigadores privados y estábamos haciendo un trabajo que los federales también hacían por su lado. Sentimos mucho haberle causado problemas.

-Eso ya pasó, estoy enterada de todo.

-Si podemos ayudarla en algo, con mucho gusto lo haremos.

-Gracias, mi problema no tiene solución.

-Esta es nuestra tarjeta, si nos necesita en algún momento llámenos, iremos al apartamento que le rentamos y lo desocuparemos para que pueda rentarlo a otra persona.

Subimos al quinto piso, recogimos lo poco que quedo y salimos del edificio, cuando teníamos todo montado en la camioneta vimos a Laura haciéndonos señas desde su oficina y nos devolvimos donde ella, quien nos invitó a tomar asiento y empezó a contarnos su problema.

-Desde hace un año mi marido se ha despreocupado de mí, creo que tiene otra mujer y quisiera contratarlos para que lo investiguen.

-¿Sabe usted o sospecha de alguna mujer?

-Siempre niega tener otra, llega a la casa y no sale, no entiendo qué pasa.

-¿Tienen hijos?

-No

-¿Viven solos?

-Está con nosotros mi hermano, mientras consigue donde mudarse.

-¿Qué tiempo tiene viviendo con ustedes su hermano?

-Está adaptándose al país, llego de Colombia hace un año aproximadamente.

Le hicimos todas las preguntas necesarias, prometiéndole que vigilaríamos a su marido y si descubríamos algo le diríamos cuánto le cobraríamos, cosa no acostumbrada por los investigadores privados, porque cuando se toma un caso se hace un contrato y el cliente da un adelanto del total de lo que pagará por toda la investigación, en otras ocasiones se firma un contrato de un solo cobro.

Al día siguiente nos reunimos con nuestra cliente, Vicky, para informarle sobre todos los adelantos acerca de la Investigación de su marido, ella nos alentó a que siguiéramos adelante, nos dio $5.000, dólares y se marchó. Hay clientes que pagan cualquier suma de dinero, siempre que sea para fines importantes en su vida. El problema de su marido la había dejado un poco trastornada, nunca dudó en querer saber qué había pasado con su esposo.

Para tranquilizar un poco la situación con los federales, quisimos dejar la investigación quieta por una semana para dedicarnos a ver cuál era el problema del marido de Laura nuestra nueva cliente.

Comenzamos por vigilar al hombre durante varios días sin obtener ningún resultado. Este señor salía todas las mañanas a su trabajo, una gasolinera, donde dirigía las operaciones, trabajaba con un hombre de unos 60 años, salía a su casa a comer lo que su mujer según ella nos contó le dejaba preparado en el refrigerador.

No encontrábamos rasgos de otra mujer en la vida del esposo de Laura. Lo que nos llamó tremendamente la atención después de siete días de vigilancia fue que entrara a una joyería a comprar un reloj barato, pero vistoso, el que le entrego al hermano de Laura un joven de 22 años muy bien parecido, alto y musculoso a quien le hacía cariñitos al salir de la joyería, dándole palmada en los glúteos, dejando la mano por unos segundo como si estuviera agarrándole el culo al jovencito. En otras circunstancias vimos al marido de Laura agarrándole la barbilla, quitarle pelos de la frente, esto nos llamó mucho la atención, sospechando una infidelidad homosexual.

-Alex, según las fotos y los videos que tenemos del esposo de Laura, me parece que es homosexual.

-No es posible, sería un desperdicio de hombre, se ve hermoso, me apunto para quitarle esa costumbre errada de estar con hombres.

-En este mundo lo que tienes más lejos es lo que está más cerca.

-No le vayas a preguntar a esa pobre mujer cosas que la pongan más loca de lo que está.

Recomendó Alex mi asistente sabiendo cual sería el siguiente paso que recomendaría.

-Está muy atinado tu consejo pero hagámosle una visita.

-No estaría mal que le cobráramos algo de dinero, pues hemos invertido mucho tiempo en la investigación.

Nos dirigimos al trabajo de Laura, al vernos salió de su cubículo a saludarnos con una sonrisa muy placentera como era su costumbre cuando alguien llegaba a su trabajo.

-¿Encontraron a mi esposo con alguna mujer?

-No, pero creemos que estamos detrás de una pista y es por esa razón que venimos a hablar de honorarios.

-¿Cuánto cobrarán?

En esta parte quiero aclarar que hay personas que buscan esclarecer su situación y piensan que es como comprar una caja de cereal en el súper mercado, no es así, se requiere horas de vigilancia, tomar fotos, hacer reportes, buscar entrevistas, analizar evidencias y esto, los más importante; evitar que el investigado se dé cuenta que estamos detrás de su persona.

Nuestro grupo de Investigadores privados tiene por norma no cobrarle al cliente en un caso determinado por horas pues esto hace muy costoso la investigación, pedimos una cantidad considerable para trabajar un tiempo que nos permita terminar el trabajo esto lo dividimos en horas trabajadas y hacemos los cálculos para sí sobra devolverlo y si falta pedirlo. Los costos de una investigación son elevados.

-Si cerramos el caso en un mes, son $5.000 dólares.

-Eso no es problema, mi tranquilidad de espíritu vale mucho más.

-Tenemos una sospecha.

-Para mí es vital terminar con esto, quisiera saber qué encontraron.

-Quiero que comprenda que tener sospechas no es algo definitivo en una investigación de esta índole.

-¿Cuál es la noticia que me tienen?, déjense de rodeos conmigo.

-¿Cuánto hace que no lava la ropa en su casa?

-No entiendo.

-Ni entenderás hasta que no conteste todas mis interrogantes.

-Llevo una semana sin hacerlo, lavaré mañana.

-Tenemos una sospecha y queremos que en este momento vaya a su casa y recoja toda la ropa interior de su marido que estén sucios y los traiga.

-¡Están locos!

-Sabemos lo que hacemos, somos los especialistas en este tipo de cosas, por favor háganos caso.

-No entiendo nada, ahora sí me la pusieron difícil.

—Déjenos hacer nuestro trabajo, haga lo que le decimos y le contaremos el resto.

Laura estaba confundida no entendía nuestro propósito, pero era una de las formas más sencillas de descubrir a un homosexual.

La mujer salió y regresó a los quince minutos con varios pantaloncillos sucios. Pasa mucho en los homosexuales que por tener relaciones anales pierden fuerza muscular en el esfínter que en lenguaje de la calle lo llaman el culo. Muchas veces al hacer algún esfuerzo no pueden contener los gases del estómago y al expulsarlos salen acompañados de materia fecal que mancha los pantaloncillos y en ocasiones hasta los pantalones, esta es una de las razones porque algunos homosexuales usan pampers para resolver esta situación.

La ropa interior del esposo de Laura confirmaba mis sospechas de que el hombre era homosexual ahora había que probarlo porque no solo podemos acusar una persona de tener relaciones anales, solo porque su ropa interior este sucia de excrementos, esto sería un grave error.

-Creo que su esposo está teniendo relaciones con otro hombre.

-¡Oh, Dios!, ¡virgen santísima!, no puedo creer lo que me están diciendo.

-Tranquila, esto es únicamente una sospecha.

Todavía había algo más fuerte para aquella mujer, la pareja que creíamos tenía su esposo era su propio hermano, que hacía un año había venido desde Colombia a vivir con ellos. La dama comenzó a llorar y nosotros no sabíamos qué hacer, de pronto, Laura sacó fuerzas no sé de dónde y paró de llorar.

-Quiero que lo descubran, si es eso tendré fuerzas para afrontar la caída.

-No puede dar esto como un hecho.

-¿Cuál es el siguiente paso?

La actitud y los lloros de Laura me inquietaron, algo me ocultaba y lancé mi única carta en ese momento.

-Con escondernos información no hace nada, si sabes cualquier cosa o tienes alguna sospecha de alguien en particular quisiera saberla ahora.

-Eso es lo más grave de quien sospecho es de mi propio hermano.

-Nosotros también.

-¡Dios mío!, no puedo ni imaginarme esto.

-No queremos que cambie, tampoco su marido debe saber nada de lo que estamos haciendo.

-No es fácil aparentar calma cuando usted sabe que su hermano le está cogiendo a su hombre.

-Tiene que hacer un esfuerzo.

-No se lo aseguro, pero lo intentaré.

-Si toma la delantera y lo confronta sin pruebas con seguridad lo negará, y el tormento será mayor, porque tendrá la incertidumbre de si él es culpable o inocente.

Salimos de aquel encuentro con el sabor amargo del que está tratando de resolver algo y sabe que lo mejor es dejarlo tal como está para no abrir heridas que no tienen posibilidad de sanar fácilmente.

Nos preparamos para el próximo lunes, pues si el esposo de Laura tenía algo con el hermano de ella ese era el mejor día, claro que el fin de semana no podían hacer nada porque nuestro cliente estaba en casa junto a su querido marido.

El lunes Laura salió a su trabajo como todos los días, Alex mi asistente y otro investigador siguieron a su esposo al trabajo, mientras yo preparaba la casa de nuestro cliente, por si decidían ir a comer algo a la residencia, los sospechosos, como a veces lo hacían.

A las 12:00 del medio día, el esposo de Laura salió de su trabajo en dirección a su casa, me avisó por radio el vigilante que le tenía en su trabajo, coloqué una cámara con dos lentes, uno en la sala y otro en la habitación.

Con la autorización de Laura por escrito para colocar las cámaras en su casa, para protegerme por si algo se salía de control ya que hay algunos investigadores que hacen este tipo de trabajo y no toman una autorización del cliente, si la situación se complica o se sale de control estos documentos son necesario para que el detective tenga pruebas de que el cliente autorizó esta acción dentro de su hogar.

Hacia todos mis movimientos, Laura me había facilitado la llave de la vivienda para mayor facilidad en mi trabajo, me vestí con un traje de la telefónica, cinturón lleno de utensilios, auriculares de teléfonos y cables que colgaban de mi cuerpo, simulando un verdadero trabajador de la compañía de teléfonos.

Terminé el trabajo y salí de la casa para instalarme en la camioneta, van que tenía estacionada frente a la residencia, equipada con los equipos de intervención necesarios para recibir la señal de las cámaras que había ubicado en la vivienda. Desde mi automóvil podía ver todo lo que pasara dentro de la casa de Laura.

El hermano de la mujer llego a la casa para tomar una cerveza del refrigerador y sentarse en el sofá de la sala y unos minutos después el esposo de Laura, tomé el teléfono y llamé a Laura, le dije que Alex pasaría por su trabajo porque había la posibilidad de que hubiera acción y si la necesitábamos queríamos tenerla a mano.

Los hombres se abrazaron y comenzaron a besarse en la sala del apartamento, en ese momento le pedí a Alex que trajera rápido a Laura cosa que no aconsejamos se haga bajo ninguna circunstancia porque nunca se sabe cómo puede reaccionar un ser humano en situaciones tan emotiva como esta. Cuando las mujeres todavía no habían entrado a la camioneta los hombres ya habían pasado a la habitación principal donde dieron inicio a una agitada actividad sexual.

Le pregunté a Laura por radio desde mi posición ya que ella estaba con mi asistente, si se encontraba preparada para ver lo que estaba pasando.

-Estoy completamente lista para lo peor.

-¿Estás segura?

-Quiero descifrar este misterio, no puedo creer que mi hermano se esté cogiendo a este hijo de puta.

-Alex, trae a Laura a la camioneta.

Cuando la puerta lateral de mi van se abrió y Laura enfocó su vista en el monitor que estaba pegado a la pared del vehículo grabando lo que pasaba en el interior de la casa, vi en el rostro de aquella mujer lo que no puedo describir con palabras. El único sonido que mis oídos pudieron escuchar fue el de la puerta lateral de la van cuando se cerró detrás de las mujeres al entrar, después todo quedó en letargo.

Nosotros veíamos a Laura que no pestañeaba observando en el monitor cómo su hermano empujaba su cuerpo desnudo detrás del de su marido, clavándole como a un cerdo en pulla preparándolo para ponerlo al carbón y a éste hombre gritando de dolor y placer en aquel acto sexual aborrecido por gran parte de la sociedad.

No puedo precisar cuántos minutos pasaron, Laura se cubrió lentamente el rostro con las dos manos, se inclinó sobre las piernas en actitud de llorar y emitió algunos quejidos, de repente se levantó con una mano agarró el soporte de la puerta, le dio un tirón y se lanzó a la calle corriendo hacia su casa. Nosotros nos turbamos, no sabíamos qué hacer, si correr detrás de la mujer o quedarnos inmóviles en donde estábamos.

Alex hizo un movimiento como para salir detrás de la secretaria, cosa que despertó mis instintos de supervivencia y la agarré por un brazo atrayéndola hacia el interior del vehículo haciéndole señas para que se quedara quieta.

Nos acomodamos en los asientos interiores del vehículo para ver en qué terminaba esta película de sexo en vivo y a todo color entre dos hombres, con la mujer de uno de ellos que era la hermana del otro llegando a la escena del acto.

Laura entró a la casa dispuesta a enfrentarlo, sabía lo que vería, pero estaba decidida. Apagué la cámara que tenía grabando, pues ya era un asunto privado y no quería participar en ese espectáculo. Unos diez minutos después Laura salió de la casa y entró a mi auto, se notaba el disgusto y cansancio reflejado en su rostro, pero creo que estaba liberada de los espíritu maligno que te atormentan cuando desconoce un hecho que presiente está sucediendo en tu entorno familiar.

-¿Me puede llevar a mi trabajo?

-Es hora de comer, ¿por qué no pide permiso en su trabajo y nos acompaña a un restaurante?

-Usted no sabe cuán enferma del alma estoy, no sé si pedir la muerte o gritar hasta que no pueda más.

-¿Acepta mi invitación?

La mujer enmudeció, nosotros la imitamos en el trayecto hacia el restaurante elegido para almorzar al que invité también al detective que nos ayudó en la investigación por considerar que estábamos en familia. Pedimos una botella de vino de muy buena calidad.

-¿Me permiten tomar una copa sin respirar?

Suplicó Laura resignada con su rostro adolorido dejando un sabor de disgusto cada vez que pronunciaba una palabra o gesto con su cuerpo desplomado en la silla que le serbia de soporte para descansar.

-No quisiera que se emborrache antes de comer.

-Es lo mejor que me puede pasar en estos momentos.

-Creo que el vino le hará sentirse mejor pero moderadamente.

Salimos del restaurante cuando estaba oscureciendo, Laura borracha como una uva madura que está a punto de caer de la rama que las sostiene, nos pidió que la lleváramos donde una amiga y ahí la dejamos. Ella nunca imaginó tener que pasar por aquella situación, se sentía traicionada porque su hermano le había quitado el marido.

Cuando hay tanta presión en el trabajo lo mejor es un pequeño descanso. Al día siguiente le pedí a mi asistente que nos reuniéramos.

-Alex, ¿cómo te sientes?

-Un poco confundida de la vuelta que da la vida.

-Te digo la verdad, estoy como si me hubieran dado una paliza, me siento cansado, presionado y tengo tantas cosas al mismo tiempo en mi agotado cerebro que me puede estallar en cualquier momento.

-Somos privilegiados.

-¿Por qué?

-Vivimos tan aprisa que le sacamos el máximo a la vida, ya quisieran muchas personas vivir todas esas experiencias que nos tocan a nosotros vivir por nuestro trabajo.

-Propongo unas vacaciones de una semana.

-Muy buena sugerencia.

-¿Dónde irás?

-Esa es mi vida privada, jajajajaja.

-Tomaré un vuelo bien largo.

-Iré a Italia a caminar por las pequeñas calles de algún pueblo remoto de ese hermoso y pintoresco país, hasta que me agote y quiera volver a la realidad.

-Por mi parte es posible que vaya a Medellín, Colombia, a visitar a mi madre.

-Has un cheque por la suma que te gastarás, y no seas abusadora con las compras, pues quien paga estas vacaciones es la compañía.

-Usted sabe que no soy barata.

Creo que esa fue una de las mejores decisiones que he tomado en mí vida, porque de seguir el ritmo de trabajo que estaba llevando, con tantas emociones fuertes causadas por mis compromisos, me daría un ataque cardíaco o una hemorragia cerebral.

Nos tomamos unas merecidas vacaciones de una semana, que nos recargaron de energía y paz, para asumir el torrente de adrenalina que nos esperaba al regreso, comenzando por llegar a la oficina a responder las llamadas, mensajes y correspondencia recibida durante nuestra ausencia.

Consideramos que para empezar lo más aconsejable era visitar a Laura y tantear cómo seguía su situación, luego del problema que había descubierto por la relación entre su hermano y el marido.

Llegamos a su oficina y salió a nuestro encuentro ataviada con un vestido rojo que la hacía lucir muy bien, la vimos como una mujer diferente, hermosa, con una sonrisa angelical y más feliz que nunca.

-¡Laura, está cambiada totalmente!

-¡Casi no la reconozco!

Dijimos Alex y yo al encuentro con la supuesta adolorida mujer.

-Todo pasa por algo en la vida, y eso me sirvió para hoy ser y sentirme un ser humano diferente.

En ese momento comprendí que el tiempo cura todo y que de amor nadie se muere. Dios nunca nos da nada que no podamos soportar, esa expresión siempre la recuerdo de mi madre, ella hacía eco de la frase cuando las cosas se salían de su curso.

-Les tengo muy buenas noticias, ayer vino la joven que trabajaba en la casa de aquella mujer, por la que se buscaron el enredo ese con los federales.

Una de las mujeres del servicio de la casa de las "damas misteriosa" había abandonado el trabajo o la echaron del puesto y fue donde Laura a contarle el cuento, esta era una pieza clave en la investigación porque con seguridad la mujer sin empleo tenía que saber cosas íntimas de esa casa o de las personas que la habitaban.

-¿Dónde la podemos localizar?

-Lo consideré de importancia y le dije que tenía unos amigos que posiblemente la ayudarían con algo de trabajo.

-Estamos muy agradecidos por lo que hiciste, para nosotros es de suma importancia entrevistar a esa mujer.

-Ya ustedes me ayudaron, estaré agradecida por el resto de la vida por su excelente trabajo. La joven que trabajaba en esa casa me contó que fue despedida porque tuvo una pequeña discusión con la patrona.

-¿Dónde puedo localizar a esa mujer?

Insistí con la curiosidad que presentaba el momento alterando todo mi sistema nervioso por la importancia del acontecimiento.

-Me dejó un numero de teléfono, por si le conseguía algún oficio.

Laura salió en busca de una libreta, nos dio el numero de telefono y el nombre de la mujer, quien le llamaban, Ana.

Estábamos nuevamente en el camino de la investigación sobre Mario, el esposo desaparecido con sus empleados y el vehículo de trabajo.

Llamamos a Ana y concertamos una cita en nuestra oficina. Nos dijo que Laura le había hablado sobre algún trabajo que podíamos conseguirle, la conversación con, Ana fue muy placentera, al día siguiente se presentó a las 9:00 de la mañana preguntando por Alex en el lobby de nuestra oficina. Mi asistente salió a recibirla, le ofreció algo de tomar y la hizo sentar en el salón de conferencias, donde le preguntaríamos por todos los detalles de interés sobre su estadía en la casa de las damas misteriosas, la hicimos esperar unos quince minutos antes de entrar al salón para la entrevista que supuestamente era para conseguirle un trabajo.

La saludé efusivamente con un cálido apretón de manos preguntando si deseaba algo de tomar, comenzando la conversación con mucho cuidado ya que teníamos el principal testigo del caso que hasta este momento nos tenía en estado de alerta por todos los acontecimientos pasado dentro de esta investigación privada.

-Laura nos contó que está sin trabajo.

Comencé hablando con Ana.

-Sí, es verdad, quiero trabajar en lo que sea, pues las deudas mensuales no esperan.

-¿Cuánto quisiera ganar semanalmente?

-¿En qué tipo de trabajo?, porque si es para venderme de prostituta ni se moleste.

-Tranquila que nosotros no nos dedicamos a ese tipo de cosas.

-Fui a tres entrevistas y todas eran para dama de compañía o para dar masaje a hombres y mujeres, eso todo eran cuentos al final lo que buscan es jóvenes para meterlas en el oficio más viejo del mundo; la prostitución.

En Miami hay algunas personas que se dedican a reclutar gran cantidad de hermosas mujeres que vienen de países pobres y las prostituyen, comienzan pagándoles $200.00 dólares por sesión de masajes, después que las acostumbran al dinero fácil las obligan a tener sexo con hombres, sometidas a una esclavitud y un terror de donde les es difícil salir.

Para información del lector, en Miami está prohibido el sexo por paga pero esto no evita que gran cantidad de mujeres se dediquen a esta labor.

-Dígame, ¿cuál es el trabajo para mí?

-¿Cuánto ganaba en el último sitio donde trabajo?

-Me pagaban $400.00 dólares a la semana por debajo de la mesa.

-¿Cómo es eso?, debajo de la mesa

-Quiere decir que me pagaban en efectivo, porque no tengo papeles y no puedo declarar impuestos.

-Eso no es así, puedes pedir un número especial para reportar todos tus trabajos y con eso llena sus impuestos sin importar que sea ilegal.

-Eso no lo sabía

-¿Dónde trabajaba que le pagaban tan bien?

-Con unos colombianos.

-¿Quién le recomendó a esos colombianos?

-Un amigo.

-¿Le dijo a su amigo que esa gente la echó del lugar de trabajo?

-Sí, lo busqué en la parada del bus y le conté, me dijo que no me podía ayudar.

-¿Cuál es el nombre de su amigo?

-Josué, siempre toma el bus en la parada que está en la 37 avenida y 7 calle del North West.

-¿Cómo es él?

-Siempre anda con un bastón y unos espejuelos negros, cualquiera que no lo conozca lo toma por un ciego, pero el hombre tiene sus ojos buenos y es más fuerte que usted y yo juntos.

-¿Este hombre, Josué, es muy amigo de la gente donde trabajaba?

-Esperen un momento, ¿ustedes me están interrogando o qué?

-No piense eso.

-¿Quiénes son ustedes?

Preguntó Ana un poco desorientada, notándosele una preocupación fuera de lo normal, preparándose para marcharse de la entrevista.

-Espere un momento.

La joven se paró de la mesa y comenzó a salir del espacio donde estábamos, encontró sospechosas todas las preguntas que le hice, se detuvo frente a la puerta del salón de conferencias de mi oficina y siguió insistiendo:

-¿Son policías?

-No

-Aquí hay algo raro.

-En una entrevista de trabajo se puede preguntar cualquier cosa

-¡Adiós!

-¡Espere un momento!, le diremos la verdad.

-¡Es mejor que me digan de que se trata todo esto antes de que llame a la policía!

-Si trabaja para nosotros le podemos pagar buena suma por sus servicios.

-Dígame en que trabajaré, de lo contrario me marcho.

-Siéntese le juro que le explicaré todo, si le interesa el trabajo lo toma.

-Tiene que decirme de que se trata todo esto porque si no lo hace me marchare.

-Si quiere irse hágalo esto es voluntario.

Tenía que jugármela con esta mujer porque si no actuaba rápido y con determinación la perdería como una excelente testigo del trabajo que teníamos en progreso.

-Me sentaré pero si me habla con la verdad y me dice qué tipo de persona es la que buscan para el trabajo que tienen.

-Esta oficina es de una compañía de investigadores privados.

-No entiendo.

-Está es mi identificación y esta mi tarjeta.

Mostré mis credenciales extendiendo mi asistente Alex su mano para que viera la de ella también.

-Esta Señorita es mi asistente y con ella hemos estado llevando a cabo una investigación sobre la casa en la que usted trabajaba, y cuando Laura nos dijo que una persona que trabajaba en esa vivienda había sido despedida, consideramos que era una buena oportunidad para que esa joven trabajara para nosotros y así tener información fresca de primera mano.

Esto pasa frecuentemente en investigación, hay que arriesgarlo todo en momentos cruciales como el que se nos estaba presentando. Son esos casos en lo que no estás seguro si te están tomando de conejillo o está en el camino correcto. Con esta mujer no se podía determinar de qué lado estábamos jugando, pero si salía a nuestro favor tendríamos lo mejor que había pasado hasta este momento en el proceso de la Investigación de la casa donde vivían las "damas misteriosas"

-¿Lo que me está ofreciendo es un trabajo de detective privado?

-Algo así.

-En eso sí les puedo ser muy útil ya que tengo mucha experiencia en esas cosas.

-¿Trabajo como investigadora alguna vez?

-No, pero mi padre era policía en Colombia, ahora está retirado.

-La entendemos.

-Si me dan un poco de entrenamiento le puedo ser de mucha ayuda porque este tipo de trabajo siempre me ha llamado la atención.

No sé cuál es la razón por la que cuando digo a alguien que soy investigador privado, inmediatamente me sale con el cuento de que eso siempre le ha gustado. Cuando a un investigador se le presenta una situación similar a la que relato, hay que tomar ciertos riesgos, pues la investigación avanza o se pone más difícil por la filtración de información. Con Ana teníamos el riesgo de que eso sucediera, pero utilice cierta maniobra con nuestra futura informante que si fallaba me lamentaría, no es aconsejable pero aposté todo a un solo movimiento.

-Como le dije antes, si trabaja con nosotros podemos pagarle un buen salario semanal.

-¿Qué tengo que hacer y cuánto me pagarán?

-¿Qué hora es?

-Son las 10:45 de la mañana.

Respondió Ana un poco confundida por que no entendía por dónde venía con mi segunda interrogante.

-Ya está trabajando a partir de este momento.

-¿Qué hago?

-Alex, págale la primera semana por adelantado.

-No entiendo.

Todos se quedaron turbados incluyendo mi asistente que nunca espero esa reacción de mi parte, tuve que insistir repitiendo la orden a Alex que estaba como anestesiada por la forma con que procedía su jefe.

-Alex, dale los primeros $450.00 dólares y que sean por debajo de la mesa mientras buscamos la forma de reportar esos pagos que se le harán cash.

-¿Aquí pagan por adelantado?, huyyyy estaba en el trabajo equivocado, me quedo con ustedes.

Me levante del asiento para darle un empujón de que saliera de la entrevista porque esta había terminado.

-Ana la espero mañana a las 9:00 de la mañana, ahora debes ir donde vives a poner todo en orden porque mañana comienza un nuevo trabajo donde tendrás mucha responsabilidades a su cargo.

-No me ha informado que haré en su empresa.

-Ana, mañana comenzará lo que llamamos entrenamiento que estará a cargo de esta jovencita que la llevara por el camino correcto en sus enseñanzas de que se hace en una oficina como esta, ahora tengo que dejarla por otras obligaciones que tengo que realizar.

Salí del salón dejando las dos jóvenes sin saber qué hacer, porque seguir presionándola con preguntas estropearía lo que habíamos avanzado en conquistar, había que darle confianza y seguridad para que creyera en nosotros, pues era la informante más importante en la Investigación. Por mi parte, quería actuar como el pescador, lanzar el anzuelo y esperar a que el pez caiga. Nuestra nueva empleada salió encantada de la oficina, con mi decisión de ofrecerle empleo, la alegría se reflejó en su rostro, luego escuché que le preguntaba a Alex en el pasillo.

-¿Cómo crees que debo venir vestida?

-Trata de venir a trabajar con vestido o falda.

-¿Qué haré?

-Relájate, organiza tu vida, si el jefe te dio trabajo estás de buena suerte.

Mi asistente se despidió de Ana y regresó a mi despacho con cara de desaprobación.

-No estoy de acuerdo con lo que acabas de hacer.

-Este es el verdadero trabajo de un buen investigador.

-Creo que usted está arriesgando demasiado.

-¿Eso crees?

-La teníamos frente a nosotros para destriparla y la deja que se valla con $450.00 dólares en sus manos, creo que ha cometido la torpeza más grande que he visto en esta oficina.

-Estaba muy nerviosa y consideré que sería mejor dejar el tema para mañana.

-¡Se da cuenta de lo que se fue!

Insistió mi asistente todavía desconcertada por mi actitud.

-Te enseñaré algo sobre la vida en corto tiempo, solo tienes que esperar un día más.

-Esta lección no puedo asimilarla.

-Hay ocasiones en que debes romper el libro o las normas que indican cómo actuar en un momento como este.

-Esta mujer es valiosa para la investigación con información de vital importancia y usted la deja ir sin sacarle lo que queremos saber, esto no lo puedo entender por más que le doy vuelta.

-El ser humano no oculta sus emociones, es algo automático, se te notan los celos por encima de la ropa.

Le contesté a Alex tanteándola para despertarla y sacarla del embrujo de mis movimientos con la testigo.

-¡Ya!, ¿eso crees? Me doy cuenta que se le está borrando toda aquella inteligencia que veo a diario en usted. No son celos, es ser objetivo, lo que hizo es muy arriesgado por no decir una locura.

-No lo creo

-Primero, la dejas ir sin preguntarle sobre los movimientos en la casa misteriosa, luego la metes en nuestra oficina sin descubrir si es una espía del enemigo. Dos errores imperdonables que no puedo entender.

-¿Sabes lo que me gusta de esa mujer?

-Me imagino, su tremendo trasero y sus piernas de columna griega.

-Eso y toda su figura son las partes positivas que tiene, pero hay algo mejor, está motivada por el dinero, y lo mejor de todo, lo necesita.

Alex me regañaba como si fuera un niño de su propiedad, si analizábamos su posición era posible que tuviera mucha razón pero yo quería jugar un poco con el destino para estropear algunas cosas que se ven pero no son como la pensamos.

La mañana siguiente llegué a la oficina a las 8:00 en punto, con los dedos cruzados como hacen los niños, rogando en mi interior que Ana se apareciera a las 9:00 de la mañana como habíamos acordado.

Alex llegó a las 8:45 de esa mañana, algo molesta, pues nunca estuvo de acuerdo con mi decisión de pagarle por adelantado y dejarla ir sin al menos hacerle algunas preguntas sobre lo que sabía de aquella casa donde teníamos el presentimiento se estaban cometiendo crímenes dirigidos por una mafia colombiana.

El ambiente estaba un poco pesado en la oficina, había aprendido una lección, la vida es una y hay que vivirla minuto a minuto, todo ocurría por algo. La puerta de la recepción de mi oficina se abrió, todos detuvimos la respiración, miré el monitor de la cámara que enfocaba la entrada y lo que vimos nos dejó pasmados.

Una figura de mujer con el pelo suelto, un vestido con un corte ceñido al cuerpo para dejar ver las curvas, sus zapatos cerrados daban un cubrimiento a sus piernas que salían desde ese punto como dos columnas romanas, soportando un delicado y hermoso edificio. Nuestra mirada no se percató de lo que rodeaba la escena, únicamente mirábamos la estupenda dama que entraba a nuestra oficina.

Cuando despertamos del impacto ocasionado por la presencia de Ana y vimos lo que llevaba en sus manos, aumentó nuestra sorpresa, el cochecito de bebé rodaba hacia el centro de la oficina con un hermoso niño de dos años en su interior.

-¡Buenos días, Ana!, ¿cómo estás?

Saludó Alex amablemente a nuestra nueva empleada que llegaba como habíamos acordado en la pasada reunión.

-Bien, gracias, pero tengo un problema.

-¿Qué pasa?

-No tenía con quién dejar a mi hijo y tuve que traerlo.

-Tranquila, le diré al jefe que llegaste.

Mi plan había dado los frutos que quería, nuestra informante estaba en la oficina ya más descansada, vestida como una reina y de suerte nos había traído su niño, sobre cuya existencia no sabíamos.

Todos la saludamos le hicimos algunas gracias al pequeño, acto seguido le pedí a Alex que llevara a nuestra futura empleada al salón de conferencias donde las cámaras estaban listas para grabar cualquier cosa que dijera Ana sobre su antiguo trabajo. Cuando entré al recinto, ya el niño estaba durmiendo en su cochecito y las dos jóvenes hablaban como si fueran amigas de mucho tiempo.

-Gracias por venir, por el momento su trabajo consistirá en hacernos un relato desde que entró en la casa donde trabajo hasta que la despidieron, pero hay algo que debe tener muy presente para trabajar con nosotros.

-¿Qué es?

-No puede haber mentiras, pues si descubrimos algo que no sea verdad en ese momento termina nuestro compromiso con usted.

-¿Quiénes más sabrán de esta conversación?

-Esto es confidencial entre usted y nosotros.

-Si es con ese acuerdo pregunte lo que quiera.

-Nuestro trabajo es investigar y muchas cosas de las que nos diga ahora ya las sabemos por otras fuentes, no quisiera decepcionarme con su persona si me miente.

-Recuerde lo que le dije cuando me conoció, tengo experiencia en este tipo de trabajo, se le olvido lo que era mi padre.
-Entiendo.

La tenia donde quería, lista para desguazarla con mis pregunta y sacarle el máximo, me había dado buen resultado mi estrategia que aunque no es muy recomendable si tiene presentimientos actué sin contemplaciones, el que no arriesga en este trabajo jamás conseguirá resultados excelentes.

-Comenzaremos por el principio.

-Soy su empleada, pregunte lo que quiere saber.

Ana comenzó su trabajo en el salón de conferencias con Alex tomando notas mientras yo iba preguntando sobre lo que Ana había visto y escuchado durante su permanencia en la casa misteriosa.

Todos los días nuestra informante daba una información detallada de su vida dentro de la residencia, aportando evidencias que servirían para terminar nuestra Investigación y aumentar la tarifa para el FBI, pues con las nuevas informaciones nuestros recursos subirían a $100.000 dólares que pediríamos al gobierno americano por nuestro trabajo investigativo.

En Jamaica no hay problemas

Mis preguntas fueron moldeando a la nueva informante que habíamos contratado como empleada para darle forma y organizar todas las evidencias que en el futuro serian vital para el caso que teníamos en proceso de investigación.

-¿Cómo consiguió ese trabajo?

-No teniendo documentos para buscar un buen empleo, salí a la calle a tratar de desafiar el destino, tomé un bus que me llevaría al centro de la ciudad y una vez allí recorrer los puntos clave donde podía encontrar algo para subsistir en esta difícil ciudad. Cuando llegué a la parada del autobús me percaté de un hombre ciego que quería cruzar la calle, tentando con su bastón la acera del frente. Ahí conocí a Josué, un señor mayor, a quien ayudé a subir al bus porque pensé que era ciego, cuando le hice sentar me dijo:

-Puede sentarse a mi lado.

-Se lo agradecí, pues era una voz amiga en aquel mundo de soledad en el que me encontraba. Me senté a su lado, comenzamos una conversación muy agradable, él me contó que no era ciego y que por ser tan amable con él estaría a mis órdenes por si lo necesitaba. Le confesé que estaba sin trabajo, a lo cual él se ofreció a ayudarme, tomo mi teléfono, anotándolo en una libreta que tenia y nos despedimos cuando el bus lo dejó en una parada en el centro de Miami.

-¿Que paso luego?

-Al día siguiente me llamó para avisarme de un trabajo, me presenté en la casa de doña Marcela o Viviana, cosa que descubrí después porque estaba convencida de que era una sola persona.

-Fui recibida por John Jairo, el hombre de confianza de la casa, él es todo un señor, pero te mata y es capaz de comer encima de tu cadáver, esos son los comentarios que circulan en la vivienda.

-¿Me puede describir a John?

Solicité a Ana por considerarlo de importancia.

-Es una persona muy rara, habla lo necesario, tiene muy buen carácter, pero cara de hombre malo, ofrece un trato especial por la educación que muestra, una de las cosas más notables en él es la cicatriz que tiene encima de la ceja derecha.

-Según dicen en la casa los otros empleados, esa cicatriz la consiguió en una balaceras donde dejó tres personas muertas. El primer día de trabajo me dijo lo que tenía que hacer y las áreas donde no podía entrar en la casa. Pero fui ganando su confianza y luego me dijo que yo era una persona en la que se podía confiar y me dio permiso para visitar cualquier sitio de la vivienda.

-¿Cuál era su trabajo en la casa?

-Tenía que limpiar todo y atender a la señorita, después descubrí que eran dos mujeres, ellas creían que no me había dado cuenta de su juego de identidad. Un día Marcela me lo confesó todo, ella comenzó a tomarme confianza pues no tenía con quien desahogarse por lo difícil que era su hermana gemela.

-¿Cómo se llama su hermana gemela?

-Viviana

-¿Sabe su apellido o nombre completo?

-No. Viviana, es idéntica a Marcela, nadie puede identificarlas, cuando están juntas sus cuerpos son exactamente iguales, solamente hay dos diferencias notables.

-Marcela tiene dos orificios en la oreja izquierda y se coloca unas argollas de oro, cosa que no hace su hermana, además Viviana se comporta grosera, engreída y todo le molesta, no hace amistad con ninguna persona, en cambio Marcela es una mujer muy amigable y en todo momento está de buen humor.

La dejé narrar toda su aventura como quiso, pues yo quería entrar en el verdadero asunto de nuestro interés en este caso, de tal forma que seguí dándole confianza para cuando le hiciera la pregunta definitiva sobre qué pasó con Mario y sus trabajadores que era el punto donde culminaba nuestra investigación.

La mañana fue de mucho provecho, Alex y yo nos encontrábamos excitados, queríamos llegar rápidamente hacia nuestros objetivos, calmaba en ocasiones a mi asistente Alex invitándola a tomar café o me inventaba cualquier pretexto para hablar con ella fuera de la sala y tantear cuál sería la estrategia durante las siguientes preguntas.

Los tres salimos a almorzar en un restaurante próximo a nuestra oficina, quería seguir soltando cordel a nuestro pez para cuando iniciáramos nuestro trabajo.

-¿Quién es el padre de su niño?

Pregunté a Ana luego del almuerzo.

-Es una historia muy compleja, pero ahora doy gracias a Dios por permitirme tener a mi hijo y ayudarme a acercarme a mi jefa Marcela, ella me invitó a viajar a Jamaica y en ese viaje quedé embarazada.

-No entiendo esa parte, usted me dijo que cuando conoció a Josué el hombre que le consiguió el trabajo no tenía documentos, en ese momento era ilegal.

-Sí.

- ¿Cómo viajó?

-Eso es correcto, pero con dólares todo es posible en este mundo, una mañana Marcela se levantó muy temprano, fue a mi cuarto y me pidió que la acompañara para que le ayudara con unas compras. Nos pasamos el día de tiendas y entramos a un sitio donde revelan fotografías, ella insistió en que me tomara cuatros fotos para pasaporte, me sentí extrañada y le pregunté para qué quería mis fotos, sonrió y me dijo que me tenía una sorpresa, se quedó con las fotos y las guardó en su bolso.

-¿Qué pasó con las fotos?

-En conversaciones que tuvimos luego, me dijo que había comprado un acta de nacimiento de una joven de Puerto Rico y que con este documento un amigo le enviaría un pasaporte por correo. Una tarde me mostró un pasaporte americano con mi foto y me dijo:

-Prepara tu maleta que viajarás conmigo a Jamaica.

Jamaica es una Isla o país de las Grandes Antillas, de 240 Km de largo y un máximo de 80 km de ancho, situado en el mar Caribe. Está a 630 km del subcontinente centro americano, a 150 km al sur de Cuba y a 180 km al oeste de la Isla La Española, en la que están Haití y la Republica Dominicana.

Los primeros pobladores de la isla fueron los arahuacos y los taínos, que llegaron a la isla entre el 1000 y el 400 antes de C. Se mantuvieron en la Isla hasta la llegada de los británicos.

Jamaica fue posesión Española después que Cristóbal Colon llegara a la isla en el año de 1494. Colón usó la Isla como un mini Estado para su familia. El almirante inglés William Penn y el general Robert Venables tomaron la Isla en el año 1655. En sus primeros 200 años de dominio británico, Jamaica se convirtió en el mayor exportador de azúcar del mundo, produciendo 77.000, mil toneladas al año entre 1820 y 1824. Esta productividad jamás se habría logrado sin la mano de obra esclava, traída del África.

Al principio del siglo XIX, la gran dependencia de la esclavitud del Imperio británico hizo que la población de afroamericanos en la Isla fuera 20 veces mayor que la de blancos, situación que amenazaba constantemente con revueltas y conflictos.

Tras una serie de revueltas la esclavitud fue oficialmente abolida en los años 1834. En el siglo XX, Jamaica se independizó del Reino Unido. En el año 1958 se convirtió en una provincia de la Federación de las Indias Occidentales y consiguió su total independencia el 6 de agosto del año 1962.

Algunos políticos de relevancia estaban ligados a dos bandas rivales de Kingston, fuertemente armadas.

Esto, junto al creciente tráfico de cocaína a mediados de los años 1980 generó situaciones violentas. Esto ha llevado a las guerras urbanas de Kingston desde 1990 hasta la actualidad.

Nuestra informante siguió en su trabajo de hacer el recuento de lo que había pasado en su permanencia en la casa de las "damas misteriosas". Habló del hotel donde la llevo Marcela.

Lo primero que debes tener en cuenta antes de ir a este hotel es que las personas que vayan tienen que hablar bien inglés, porque la mayoría de la gente que suele ir son americanos y entender que se trata de un hotel de ambiente desinhibido con mucha animación o diversión y lo más importante. Se trata de un hotel nudista.

Hedonism significa placer. El hotel se inauguró en el año 1976, y se hizo tan famoso sobre todo en América, que se tuvo que crear el Hotel Hedonism III. Se trata de un hotel de carácter liberal que posee playa nudista y no nudista. Normalmente la gente que viene esta tan a gusto que tenían clientes que habían repetido hasta en 100 ocasiones.

El hotel es para gente de mente totalmente abierta, normalmente solo van parejas heterosexuales, parejas homosexuales.

Nuestra informante Ana siguió con su declaración:

-Marcela y yo llegamos a Jamaica a un hotel nudista llamado, Hedonism, ella se ofreció a pagar todos mis gastos, cosa que no rehusé. Al entrar al hotel nos recibió un hombre de unos 59 años aproximadamente en muy buenas condiciones físicas, con voz suave y una conversación agradable.

-¿Ustedes saben qué tipo de hotel es éste?

-Nos dijeron que era nudista.

Respondió Marcela con una mueca de sonrisa en su cara.

-Perfecto, aquí se quitan las ataduras del mundo en el que viven, el cuerpo es un instrumento del alma, lo que importa para nosotros es lo que está dentro de ese caparazón que llamamos cuerpo.

En este lugar traten de perder el miedo a los placeres más grandes que tiene la naturaleza, el cuerpo está hecho para darle comida, sexo y ejercicios, aquí encontrarán esos tres elementos, comerán lo que les apetezca, tendrán sexo cuando y con quien quieran, si la otra persona está de acuerdo y harán ejercicios para que el cuerpo se ponga en forma.

-Es peligroso tener sexo con cualquiera.

Dijo Marcela que siempre tomaba la palabra como directora de operaciones en el viaje.

-Antes de entrar al complejo les sacaremos una muestra de sangre en ese cuarto que está a mano derecha, donde dice clínica para saber si tienen alguna enfermedad contagiosa, si todo está bien, podrán disfrutar del sexo si lo quieren o pueden usar condones que los damos gratis, así es más seguro.

-¿Si una persona da positivo y está enferma qué hacen?

-Le ponemos un sello en la mano derecha que será chequeado en su cuarto, donde hay un sistema a través del cual los visitantes que van a tener sexo con esa persona, pasan la mano de la persona infectada por debajo de una luz que indicará si está o no infectada, y poder tomar las debidas precauciones. Todo eso lo explica un folleto que está en su habitación que tiene un título sobre sexo seguro.

Ana y su jefa pasaron la prueba y entraron al complejo cuyo eslogan era:

"En Jamaica no hay problemas"

Al principio pasearon por el área de la piscina, allí vieron a todas las personas totalmente desnudas, jóvenes, adultos y viejos a los que no les importaba lo que sucedía alrededor, las dos mujeres se acostumbraron muy pronto al ambiente nudista del establecimiento.

Cuando entraron a uno de los restaurantes que tenía el hotel Ana vio pasar un hombre que la impactó. Era un ejemplar dotado con un pene descomunal, aquello era fuera de serie, largo, grueso y con una cabeza negra, lo miró fijamente tratando de investigar si era falso o verdadero, el jamaiquino percibió la mirada de la curiosa, el hombre giró su cuerpo hacia la izquierda en dirección a Ana.

-Mi nombre es Troy.

Ana, ahora que lo tenía casi en sus narices pudo apreciar el enorme miembro de aquel semental de piel negra. Los penes de los hombres negros son muy distintos a los de personas blancas, se notan muy saludables, dorados, son apetitosos y al mismo tiempo atractivos, con las venas como queriendo salirse de su bronceada piel quemada.

-¿La está pasando bien?

Seguía Troy preguntando amablemente.

-Sí.

-¿Qué puedes decir de nuestro hotel?

-Todo es fantástico.

-¿Esta es su primera vez con nosotros?

-Sí.

-Las quiero invitar a nuestro baile esta noche en el salón de conciertos, será a las 10:00 de la noche.

El jamaiquino estiró su brazo hacia la pared donde había un estante con carteles publicitarios, y tomó de allí un volante con información sobre su presentación en la sala de conciertos. El semental llamado así por sus compañeros de grupo se despidió con una sonrisa de oreja a oreja, mostrando sus brillantes dientes blancos y sus labios carnosos que Ana imaginó besando. El resto del día no volvió a ver al distinguido y bien dotado galán.

Cuando llegó la noche, Ana discutía con Marcela acerca de la forma en que debían vestirse para la ceremonia. ¿Ponerse algo de ropa para la fiesta o ir totalmente desnudas? Para este tipo de celebraciones se puede asistir con una ligera prenda de ropa interior, muy cómoda como una pieza fina o muy corta, bata de dormir o ir sin nada de vestir, como era la costumbre de la mayoría, en aquel lugar. Cuando llegaron al salón estaba lleno, no podían pasar hacia el centro, tuvieron que abrirse paso entre la gente que disfrutaba del comienzo de aquella gran fiesta.

Las dos mujeres dieron vueltas por todo el salón, en busca del hombre del pene grande. Ana estaba impaciente por encontrar a aquel tipo quien le pareció el más simpático entre todos los que había visto.

Se ubicaron a un lado del salón de la fiesta y pidieron dos tequilas para calentar el organismo, no eran grandes tomadoras, pero el alcohol les haría ponerse a la altura de todas las mujeres y hombres desnudos que había en el salón de baile.

El lugar se alborotó cuando sonaron los primeros acordes de la banda que amenizaría la gran reunión, todo lucía bien, pero Ana no encontraba al hombre que le había hecho suspirar y probablemente vivir las fantasías que siempre había imaginado. Después de caminar por el salón, las dos mujeres se acercaron a ver tocar a los músicos. Cuando estuvieron frente a la banda, Ana quería morir, su adonis jamaiquino estaba tocando el piano con la orquesta y le sonreía con la misma emoción de cuando se conocieron en el restaurante.

No le costó mucho esfuerzo ver nuevamente lo que la tenía inquieta desde que llegó al hotel. Esa parte divina le colgaba como un ahorcado cuando da sus últimos suspiros en la horca, ella lo miró con especial interés, cruzaron miradas y sonrieron. Cuando volvió su vista hacia la parte baja del ombligo de aquel hombre quedó petrificada, el ahorcado había revivido, ahora sí que era grande. La fiesta parecía una orgía gigante en la que la multitud de cuerpos totalmente desnudos se movían desenfrenadamente en medio del inmenso salón. Cuando la orquesta terminó de interpretar la primera ronda de canciones, el pianista se acercó a Ana y le dijo:

-Me gustaría pasar por su habitación esta noche cuando termine de tocar.

-¿Perdón?

-Dame tu número de cuarto y el resto déjamelo a mí.

Las dos mujeres se miraron sorprendidas, lo que proponía este hombre sonaba atrevido para los oídos de las damas, pero en aquel sitio todo era natural.

Marcela instó a Ana para que le diera el número de la habitación.
-Mi habitación es la #31

Inmediatamente Marcela se acercó al hombre y le dijo.

-Que no se le olvide el número de la habitación es, # 31

-No lo olvidare, si se van temprano, espérame allá que cuando termine te visitaré y si quieren sexo las dos podemos arreglar eso.

Las mujeres se miraron estallando en una sola carcajada.

-Jajajajajaja

El hombre no entendía porque le gustó tanto lo que dijo imitando lo que ellas hacían sonriendo también.

-Jajajajajajaja

Las habitaciones de Marcela y Ana estaban comunicadas por una puerta que cuando se cerraba aislaba a la otra suite dando privacidad a sus inquilinas. El tiempo transcurrió en medio de tragos y risas en el exótico lugar, cuando comenzó el amanecer la sala de baile se fue despejando.

Marcela estaba muy borracha a causa de la gran cantidad de licor que había ingerido, esto motivó a las dos turistas retirarse a sus habitaciones después de las tres de la madrugada.

Eran las cuatro de la mañana cuando alguien tocó la habitación de Ana, ella ya sabía quién era, apagó la televisión, esperó un momento, y abrió la puerta.

-Quisiera bañarme antes de hacer el amor.

Pidió Troy como algo natural sin ningún prejuicio de lo acostumbrado en las ciudades de nuestros pueblos.

El hombre siguió hacia el baño, como cuando uno llega a su casa y comenzó a enjabonarse por todo su cuerpo dándole el brillo que toma la piel morena cuando se elimina el sudor de ella, cuando salió, tomó la toalla blanca que colgaba de un soporte dorado en la pared, se secó y encontró a Ana en el pasillo de la habitación, la tomó de la mano y la llevó a la cama.

Cuando la besó, la mujer se dio cuenta que había valido la pena esperar y realizar aquel maravilloso viaje hacia Jamaica. Los labios de Troy emanaban un fuego lento que fue recorriendo el cuerpo de Ana, luego los deslizó hasta los senos de la joven para detenerse en el momento preciso, siguió su ruta hacia las costillas, las descubría con su lengua una por una, y cuando llegó al ombligo hizo un movimiento hacia el centro de la cama haciendo un círculo, pasó por encima de ella, como cuando un avión está aterrizando y deja una sombra en el pavimento.

Colocó su boca entre las piernas de Ana y el pene quedo enfrente de su cara, muy parecido al número 69, la excitada mujer no podía resistir tanto placer, quería gritar, correr o pedir auxilio.

Se desmayó y quedo en limbo su mente, nunca había sentido algo semejante. Pasaron muchas cosas por la cabeza de Ana cuando la lengua del moreno rozaba sus partes más íntimas, el cuerpo desnudo agonizaba de emoción, buscaba de dónde agarrarse, tomó entre sus manos el miembro de Troy y se lo introdujo en la boca, mientras el jamaiquino le daba pequeños mordiscos entre sus piernas.

Chupaba aquel pene como un caramelo a punto de derretirse. El tiempo se detuvo y su mente perdió sintonía con la realidad del diario vivir, en un momento que no pudo precisar su memoria se nubló nuevamente y se sintió morir lentamente, cerrando sus ojos y plegando todos los músculos de su cuerpo.

Esa experiencia sexual en Jamaica fue inolvidable pero al mes siguiente surgió un problema.
Ana sentía nauseas muy fuertes y no aguantaba ningún tipo de comida, asustada decidió hacerse una prueba de embarazo. El examen dio positivo. ¡Estaba embarazada!

El pánico invadió sus pensamientos pero no sabía por dónde comenzar, era urgente hablar con su jefa Marcela pero ésta había salido de viaje para Suiza donde pasaría cuatro meses, organizando unos negocios que les permitirían abrir unas cuentas de bancos.

Ana no tenía forma de comunicarse con su patrona y ella era precisamente la persona que podía darle el consejo más prudente.

Los días pasaban y la barriga crecía pues no hay forma de parar el embarazo, tomó una decisión. Habló con el encargado de la casa y le dijo que se tomaría un fin de semana libre para atender a una amiga que había llegado de visita a la ciudad. Con el pasaporte que su patrona le había conseguido en el bajo mundo de las calles de New York, viajó a Jamaica para encontrarse con el jamaiquino y contarle que estaba embarazada.

Cuando llegó al hotel y le dio la noticia a Troy, éste la abrazó y la besó, era una alegría fuera de lo común la que demostraba el hombre, se había puesto medio loco celebrando por el embarazo de Ana.

-¡Qué suerte, oooooo! ¡Dios me ha dado 37 hijos!

Gritaba Troy de la alegría.

-¡Qué!

Casi grito la joven mujer que no entendió lo que estaba pasando en el momento.

-Tengo 36 hijos, pero con el nuestro serán 37, que alegría siento y si las tres amigas que mandaste también resultan embarazadas serán 40, hijos.

-¿Qué amigas?, yo no mandé a nadie.

Exclamó extrañada Ana. En ese momento se dio cuenta en qué situación se había embarcado con lo del embarazo y de la poca responsabilidad del futuro padre, que ella pensaba la apoyaría en este nuevo trance de su vida.

Días después se enteró de que Marcela había enviado a varias amigas al hotel nudista de Jamaica, y les recomendó al negro Troy como buen semental, de tal manera que tres de ellas resultaron embarazadas del mismo hombre.

-Hay momentos en la vida que uno no sabe qué hacer o qué decisión tomar, pero confiar en mis instintos para darle rienda suelta al destino y no oponerme a lo que la naturaleza me regalaba fue lo más acertado que he hecho en mi vida.

-¿Cómo se llama el niño?

-Jacky.

Después de contarnos cómo se había convertido en madre del pequeño que dormía en su carrito de bebé, lo que para nosotros fue una sorpresa, pensamos que lo más aconsejable era hacer una pausa en la historia para entrar en el punto que tanto nos interesaba.

La desaparición de Mario y sus trabajadores, era lo que nos importaba de todo el cuento sobre lo que sabía esta mujer, pero para llegar donde se quería teníamos que escuchar toda la confesión de la informante.

Fue así como luego de un merecido descanso tras un almuerzo sensacional, reiniciamos nuestro trabajo de preguntas y repuestas con nuestra informante Ana.

Todos están muertos

Con la pregunta que todos queríamos hacer inició Alex un nuevo diálogo con la informante estrella que estábamos trabajando para llegar donde todos deseábamos.

-¿Qué paso con Mario y sus trabajadores?

-No lo conozco.

-Hubo una reparación o remodelación en la casa hecha por tres hombres.

-Si eso lo recuerdo.

-Háblenos de ellos.

-Les aseguro que todos están muertos.

-¿Cómo lo sabes?

-Lo vi cuando los asesinaban.

-¿Qué fue lo que le pidieron hacer al que dirigía la construcción?

-Estos señores estaban haciendo un trabajo de una habitación secreta que convirtieron en una enorme caja de seguridad, donde se guardaban ciertos objetos de valor, dólares, prendas, y drogas.

-¿Estás segura de lo que nos dices?

Preguntó mi asistente Alex un poco desconfiada porque todo estaba saliendo tan bien que daba miedo.

-Completamente segura de que digo la verdad.
-Siga.

-Este enorme cuarto de seguridad estaba siendo construido de una forma tan especial, que para encontrarlo debía quitarse un cuadro que estaba a una altura superior a cinco pies y para poder ver detrás del mismo y encontrar el botón que accionaba el primer paso para abrir la caja fuerte, había que subirse en una pequeña escalera de metal que únicamente la traían del sótano para estos fines.

-Después de retirar el cuadro se oprimía el botón, acto seguido aparecía el reloj de la caja de seguridad.

-¿Vio abrir esa caja de seguridad?

-Sí.

-¿Consiguió la combinación?

-Sí.

¡Dios mío esta sí que era una informante de calidad!

-¿Puedes anotarla en este papel?

-Número 3 a la izquierda.

-Dos vueltas a la derecha.

-Número 5

-Una vuelta a la izquierda.

-Número 7

-Tres vueltas a la derecha.

-Número 9 y la caja abre.

Este era el mejor testigo que podíamos encontrar en una Investigación, tenía todo en sus manos.

-¿Cómo pudo tomar esas numeraciones?

-Fui memorizando algunos pasos y un día que estaba sola, intente abrirla y abrió.

-¿Cómo sabes que hay drogas en el cuarto de seguridad?

-Recuerde que estuve dentro de esa caja, además en ocasiones llegaban con paquetes de noche, los desmontaban en la casa para luego guardarlos dentro del cuarto, después traían un perro que únicamente venía a la casa para esas ocasiones y lo ponían para que olfateara.

-¿Qué color o raza era ese perro?

-Era un labrador blanco o color amarillo, en una ocasión el animal comenzó a ladrar y quitaron los cuadros de la pared y con una manguera me ordenaron echar agua por todo el pasillo, en especial a las esquinas de la puerta secreta, cuando limpié todo volvieron a traer el animal y este no hizo nada, escuché los comentarios de ellos cuando dijeron:

-Ya está todo seguro el perro no detectó el material.

-¿Estas segura que era droga, pueden ser explosivos?

Intervine para sacar el máximo provecho a lo que recordara la informante que estábamos entrevistando.

-No sé, lo que sí puedo decir es que todos los meses hacían lo mismo.

-¿Cuál de las dos mujeres cree usted que es más peligrosa?

Le pedí a nuestra informante esta confirmación para tener un perfil más avanzado de las gemelas que investigábamos.

-Las dos son iguales, una más astuta que la otra, pero si me dan a escoger me quedo con Marcela, ella quiso ser mi amiga.

-¿Cuál es la más inteligente?

-Marcela es súper inteligente, la otra es una asesina sin contemplación, todo lo quiere resolver matando, esa mujer goza con ver morir a un ser humano.

-¿Cómo sabe todo esto?

-Porque vivía en esa casa, donde pasaban tantas cosas misteriosas. Viviana tiene un problema, cuando hace algo que ella considera de importancia no lo puede callar y se junta con el hombre de confianza, que es el chofer, se toman unos tragos y comienzan a hablar sobre lo que hizo, luego el conductor se encarga de meterle miedo a los otros trabajadores contándole lo que realizo su patrona.

-¿Por qué cree usted que están muertos los trabajadores?

-¿Quiénes?

-Los trabajadores que hicieron la remodelación en la vivienda.

Quería estar seguro de la muerte de los trabajadores donde comenzó todo con la búsqueda del esposo de la señora que me contrato.

-El día que pasó todo, terminaron el trabajo por la mañana. Yo estaba cerca de la sala, donde los trabajadores estaban reunidos esperando que le pagaran el último dinero que se le debía del trabajo realizado.

-No sé la razón por la cual había llegado El Ciego Josué a la casa cosa que después entendí, todo pasó muy rápido, Josué sacó una pistola con un cañón largo que supuse era un silenciador y encañonó a los hombres que trabajaban en la construcción.

La mujer hablaba con desesperación, quería terminar ese episodio.

-Le ordenó a John que los amarrara con unas cuerdas, los sacaron de la casa y los metieron en una camioneta blanca que había en uno de los parqueos de la residencia, cuando salían con el último hombre que era el que dirigía a los otros para subirlo a la camioneta donde estaban sus compañeros, éste escapó y corrió hacia el portón de la casa del frente. Josué sacó la pistola con silenciador y le disparó dos veces en la espalda, el hombre cayó al suelo botando sangre por la boca.

-¿Qué hizo John cuando el hombre cayó al suelo?

-Él y Josué lo tomaron por ambos lados, uno por los pies y el otro por las manos y lo tiraron dentro de la camioneta donde estaban sus compañeros, que al ver a su amigo agonizando trataron de salir del vehículo.

-Josué abrió la puerta trasera de la camioneta, sacó nuevamente su pistola y disparó unas cuantas veces, todo quedó en silencio, minutos después los dos hombres, John y Josué salieron en la camioneta con rumbo desconocido.

-¿Usted qué hizo?

-Entré a la casa, estaba muy nerviosa, la señora Marcela se dio cuenta y me preguntó si yo había visto algo de lo que pasó con los trabajadores. Le contesté que no sabía de qué me estaba hablando, ella cambió de tema y me mandó a arreglar una vidriera en el interior de la vivienda.

-¿Al cabo de cuánto tiempo aproximadamente regresaron los hombres que se fueron con los trabajadores baleados?

-Llegaron como cuatro horas más tarde.

-¿Qué pasó luego?

-Lo primero que hicieron fue echar agua con manguera a la camioneta que estaba manchada de sangre, cuando empezó a salir el agua por la parte trasera del auto vi chorros de sangre mezclados con el agua que corría por la calzada de cemento de la casa, por eso creo que los tiros disparados por Josué mataron a todos.

-¿Le escuchó decir algo a Marcela?

-Cuando discutían en la sala, Viviana, le dijo a John que hiciera lo que tenía que hacer y que no quería escuchar una palabra más sobre el tema, luego se marchó a su habitación.

Ana nos detalló paso a paso todo lo que sucedió con los trabajadores que hicieron la remodelación en la casa de las mujeres misteriosas. Yo me encargué de filmar y grabar el relato de nuestra informante sin que ella se diera cuenta. Por fin sabíamos cuál había sido la suerte de Mario, el esposo de Vicky, pero no estábamos seguros cuál de las dos mujeres era la culpable del asesinato, se nos hacía muy difícil saberlo puesto que las dos eran iguales, según las fotos que habíamos tomado en las afueras de los bancos City Bank y el Banko of América, en el centro de Miami.

Antes de hablar y llevarle un reporte a los federales teníamos que reunirnos con Vicky para definir las pautas a seguir con la investigación que mientras más cosas descubríamos aparecían otros caminos para seguir investigando.

Al tercer día de trabajo continuo de nuestra informante Ana, decidimos darle el día libre para que organizara su vida y encontrara a alguien que le cuidara su niño.

Un día después de aquella avalancha de información por las declaraciones de Ana, nuestra informante, la señora Vicky se presentó en mi oficina para ver el video donde nuestra informante narraba como murió su esposo en la casa de las mellizas anteriormente "damas misteriosas". No quería sorpresas con Vicky, así que me quedé con ella observando el video, pues cuando una persona atenta una vez contra su vida es posible que repita la acción.

-¿Cuál es el paso a seguir en estos momentos?

-Tenemos un crucigrama incompleto, señor Martínez.

-Por el momento nosotros ya terminamos con su trabajo.

-Eso ni lo piense.

-¿Qué más podemos hacer?

-Quiero que sigan adelante.

-¿Qué haremos para usted?

-Su informante dice claramente que un tal Josué mató a mi esposo, necesitamos saber quién dio la orden de asesinarlo.

-Eso está claro.

-¿Quién es Josué?

-No lo sabemos

-¿Cuál de las dos putas, desgraciadas, asesinas, dio la orden de matar a mi esposo?

-Una de las dos, recuerde que según las fotos que tenemos son dos mujeres totalmente iguales, lamentablemente no podríamos culpar a las dos.

-No había pensado en eso, con más razón, quiero que sigan apretando para ver que sale a flote.

-No entiendo su posición, se gastara todos sus ahorros.

-Quiero saber cuál de esas dos perras dio la orden de no pagar el trabajo y asesinar a mi marido y otra cosa que está quedando sin repuesta.

-¿Qué?

-¿Dónde está el cadáver de mi marido?

-Usted es la dueña de la investigación y quiero saber si le damos todo este material a los federales o lo dejamos para luego.

-¿Si esta gente se marcha y no se puede arrestar a nadie, que pasaría?

-Usted es el cliente, tiene que tomar una decisión, o llevamos lo que tenemos al FBI y que ellos arresten a quienes consideren, o esperamos a descubrir quién dio la orden de matar a Mario y sus empleados.

-Estoy con usted, siga adelante y descubra a esas desgraciadas asesinas.

-Sus órdenes se cumplirán

-Quiero incluir que en su investigación se descubra la identidad de quien apretó el gatillo contra mi marido.

-¿El Ciego Josué?

-Si.

Esta decisión de nuestro cliente nos comprometió a seguir adelante con una investigación que creíamos ya terminada.

Esa mañana sucedió algo que tenía consternados a los pobladores de Miami, en uno de los tantos canales que hay en la ciudad aparecieron dos cuerpos, que al identificarlos resultaron ser colombianos que habían sido degollados y después arrojados en las aguas del canal.

Estos hombres registraban como última dirección la casa de las mellizas, Marcela y Viviana, esta noticia apareció en primera plana de todos los periódicos de la ciudad.

La policía encargada de investigar los crímenes comenzó a hacer las averiguaciones respectivas del caso y encontró que esa misma dirección ya estaba siendo investigada por los federales de dos agencias, el FBI y la DEA.

Llamé a mi asistente para analizar el último descubrimiento que se sabía de la misteriosa casa, la que Investigábamos junto a varias instituciones federales y estatales de la ciudad de Miami.

-Alex, aquí hay algo muy sospechoso, porque muchas personas que han tenido contacto con esa casa están apareciendo muertas.

-Creo que han visto cosas que a los dueños no les conviene que se sepan.

-Con seguridad estos dos hombres muertos son los que describe, Ana.

-Llamemos a nuestra informante, pues con esas fotos del periódico quizás ella pueda reconocer a los empleados que conoció cuando trabajaba en esa residencia.

La mujer salió de su apartamento empujando el cochecito donde llevaba su niño para dejarlo donde se lo cuidarían y asistir a mi oficina, tenía que recorrer tres cuadras para llegar al sitio donde dejaría su hijo, al doblar la primera esquina sintió un auto que venía rodando a una velocidad extremadamente lenta, giró su cuerpo y pensó ver el rostro de Viviana con una gorra de béisbol en su cabeza, junto a un hombre desconocido al volante, en ese momento el vehículo salió a toda velocidad doblando la esquina y perdiéndose de vista.

Ana no le prestó mucha atención al hecho pues ya trabajaba en mi oficina y el entrenamiento que recibía le había permitido superar la paranoia de antes, cuando en todo veía un posible atacante. Se concentró en el nuevo día de trabajo que nos llevaría a ganar una buena suma con el FBI, gracias a las nuevas evidencias que ella estaba aportando en el caso de las gemelas colombianas, Marcela y Viviana.

Teníamos que estar seguros de la identidad de los cadáveres encontrados, para cuando fuéramos a contarle a los federales sobre las pruebas que teníamos, la idea era que ellos no perdieran tiempo buscando, pues los dos hombres estaban muertos y de qué manera, degollados y abandonados en un canal de la ciudad. Una vez llegó Ana a mi oficina la senté en el salón de conferencias y prendí la cámara para tener su declaración.

-¿Cómo te sientes, Ana?

-Muy bien.

-La veo muy hermosa.

-Hoy es uno de esos días que cuando te levantas y ves que nada es casual en la vida, estoy radiante de felicidad y no sé cuál es la razón.

-Todo tiene su porqué en esta vida.

-Esa es una verdad irrefutable.

-¿Encontró quién le cuidara el niño?

-Una joven que vive a cuatro cuadras de mi casa lo cuida a él y a otro niño de una amiga mía.

-Me alegro que todo en su vida este arreglándose.

-Si me preguntara cómo me siento, le diría que estoy como nunca, quisiera sentirme así toda la vida.

-Esa es buena señal.

-¿Qué haremos hoy?

-La he mandado llamar porque quiero que lea los encabezados y vea las fotos de dos hombres que salieron ayer en el periódico y me diga si los ha visto alguna vez. Además quería preguntarle si no le importaba que estas entrevistas las grabáramos en video para después corregir algunos olvidos si fuera necesario.

-El que dirige esta oficina es usted, haga lo que considere necesario.

Tener la aprobación para grabar era algo que me preocupaba, si esto lo llegara a ver un Juez. Le pasé el periódico y le mostré la página donde estaba la noticia con las fotos de los muertos correspondientes a su licencia de conducción. Lo primero que hacen los inmigrantes que llegan a Miami es gestionar su licencia, pues en esta ciudad todo está lejos y el transporte público es muy escaso, el que no tiene auto prácticamente no puede hacer nada.

Mientras estaba ocupado ojeando unos papeles en las carpetas que tenía en frente, mi nueva empleada cambiaba su semblante al descubrir algo que no esperaba.

-Estos dos hombres son los que trabajaban en donde yo trabajé.

-¿Está segura?

-En la vida no hay nada 100% seguro, si lo hubiera me atrevería a decir que estoy segura de haber identificado a estos dos individuos como ex compañeros de trabajo.

-Quiero corregirla, sí hay algo en la vida que es 100% seguro

-No es posible.

-Es seguro que todos en algún momento vamos a morir.

-Perdone, nunca pensé en eso, uno jamás piensa que se va a morir.

-Por eso usted ve que yo vivo una vida muy tranquila, para qué preocuparme tanto si de todas formas me voy a morir.

-Esa es una buena filosofía de vida.

Seguimos conversando con Ana de la vida, de la muerte y del trágico final que habían tenido sus dos antiguos compañeros de trabajo. Luego me puse a pensar cuántas personas más podrían morir por el solo hecho de tener contacto con aquella casa misteriosa, donde vivían dos mujeres de la misma especie.

-No quería entrar en este tema pues no sé cómo lo tomará pero debo decirle que usted corre un gran peligro ya que trabajó en esa vivienda.

-Conmigo se cometió un error pues quien me despidió fue Viviana en ausencia de Marcela.

-En el tipo de negocio que se desenvuelven sus anteriores empleadores, la seguridad está en no dejar cabos sueltos y usted es un peligro para ellas.

-Creo que Marcela es mi amiga, pero la otra en algunas ocasiones la escuche tomar decisiones radicales.

-Tome medidas de seguridad, es un consejo.

Le pedí a mi empleada que tuviera cuidado, la puse sobre aviso porque no me habían gustado los últimos acontecimientos, tuve que decirle que corría peligro, con esta posición marchité su alegría que la hacía lucir como una mujer exitosa. Me gustaba tener felices a las personas que trabajaban para mí y que no supieran mucho de investigación, así podía formarlas a mi gusto y probar su lealtad, que hoy en día no abunda mucho en este mundo.

En la vida hay días buenos, otros muy buenos y los demás tristes. Al día siguiente Ana nunca pensó que le tocaría vivir un momento como el que se presentó. A las 12:00 del medio día, una llamada entró a su teléfono celular, un agente de homicidios de Miami dejó un mensaje.

-Le pido el favor de que me llame con suma urgencia, soy el sargento de homicidios Scoth Rodríguez, le estoy dejando mi número de teléfono en su contestador automático, son las 12:00 del medio día.

Ana se presentó corriendo a mi despacho con el corazón en la boca porque cuando la policía llama es con mucha seguridad, malas noticia.

-No sé qué está pasando pero un sargento llamado Scoth de homicidios me ha dejado un mensaje de urgencia.

-Tranquila, deme el número de teléfono de ese agente.

-¿Qué será lo que quiere ese hombre?

-Déjeme llamarlo.

-Es que la policía cuando llama solo es para hablar de cosas desagradables.

-Ese es su trabajo.

Los hispanos estamos invadiendo lentamente a Estados Unidos, ya podemos encontrar nombres anglosajones como Scoth con apellidos Rodríguez, Martínez y otros. Esto se debe a la rapidez con que nos procreamos los latinos en comparación con los norteamericanos, ya que según encuestas somos más calientes en la cama que otras razas. Cualquier mujer hispana pare cinco hijos, cosa que no sucede con las americanas.

Procedí a tranquilizar a mi empleada y a llamar al agente, Scoth, pues cuando un agente de la ley llama, las noticias no son para felicitarlo, le dará una mala noticia o tiene intenciones de que usted hable para encontrar nuevas evidencias e incriminarlo en algún caso que seguramente culminará en su arresto. Ellos están para arrestar personas. Cuando llame una mujer contesto el teléfono del agente.

-El sargento Scoth por favor.

-Un momento.

-Scoth, para servirle.

-Ángel Martínez, investigador privado.

-¿En qué le puedo ayudar?

-Usted llamó a mi empleada, Ana, quisiéramos saber de qué se trata.

-¿Ella está con usted?

-Sí.

-Quiero que tome su auto y venga con la señora inmediatamente a mi oficina.

-No tan aprisa sargento, si no me dice qué quiere con mi empleada tendrá que tomarse la molestia de venir a mi oficina.

-Su hijo fue asesinado junto a la mujer que lo cuidaba y creemos que ella debe saberlo.

-¡Mierda!, esto sí que es lamentable.

Un vehículo se estacionó frente a la casa donde estaba el niño de Ana, tocaron la puerta y rociaron la sala con plomo de ametralladora, lugar en el que murieron tres personas. Dos niños y la mujer que los cuidaba.

En el maletín de uno de los niños se encontró una libreta con el teléfono y la dirección de su madre. No podía comprender por qué el destino era tan cruel, nos arrebata de este mundo cuando menos lo esperamos. Este asesinato me dejó marcado para siempre, nunca comprendí los motivos de esas personas para proteger el maldito negocio del narcotráfico que siempre deja un camino de muerte y desgracias en la humanidad.

Mi nueva empleada estaba devastada por la muerte de Jacky, su único hijo, que había tenido con el esfuerzo y decisión de una mujer ejemplar que no creía en el aborto, porque esto para ella era un asesinato. Pensé que había podido evitar este homicidio instruyendo con más técnicas de seguridad a mi nueva empleada, pero este momento no era para lamentos.

Nos enfrentábamos a una poderosa organización criminal cuya envergadura debíamos tomar en cuenta a la hora de hacer cualquier análisis sobre el caso. Ahora debíamos revisar todas las evidencias posibles para que no fueran a devolverse en contra nuestra, quisimos saber qué había encontrado la policía en la escena del crimen para ver si había otras pistas que desconocíamos.

Contactamos a unas personas que nos sirvieron como fuentes de información en el interior de la policía, lo único que averiguamos y que en alguna medida nos indicó el camino para encontrar a los asesinos fue que emplearon un arma con silenciador porque los vecinos no escucharon disparo alguno.

-Alex es tiempo de que entreguemos a los federales lo que tenemos.

-Tienes toda la razón jefe, tenemos que actuar.

-Se me ocurre una idea.

-¿Qué piensas hacer?

-Déjame pensar.

-Creo que corremos peligro con estos asesinos detrás.

-Lo tengo todo en mi cabeza.

-¿Qué es lo que haremos?

-Busquemos al hombre que le consiguió el trabajo a Ana. ¿Cómo se llamaba?

-Creo que no es una buena idea seguir alborotando esos criminales. El nombre de ese sujeto creo que es Josué.

-Es tiempo de seguir tomando riesgos.

-Si él la recomendó y le dieron el trabajo es porque tiene gran amistad con esa gente.

-Ese hombre que la recomendó es un asesino disfrazado de ciego.

-Tienes razón.

-Esa gente sabe quizás más de lo que podemos imaginar, recuerda que tienen a un investigador del que no tenemos certeza de dónde está y seguro le sacaron información. Sigo creyendo que los federales son quienes deben actuar.

-¿Qué pueden hacer los agentes del gobierno sin pruebas?, sabes que en este país no se arresta a nadie por ser sospechoso de un delito.

Estados Unidos es el mejor territorio para cometer un crimen, por las famosas libertades que tiene el sistema, no pueden hacer nada, si fuera en otro país quizás.

-Trabajemos en dos frentes, entreguemos todas las evidencias que poseemos y a nuestra informante, al FBI, ellos la protegerán y nosotros quedaremos como héroes.

Era la mejor decisión a tomar, visitamos las oficinas del FBI donde informamos sobre las evidencias que teníamos y además llevamos a Ana con nosotros, quien pidió protección al gobierno federal. Nos dijeron que no la volveríamos a ver por mucho tiempo, pues ella entraría en un programa de protección a testigos manejado herméticamente por un departamento federal del gobierno Americano.

Ellos no querían que esta testigo de importancia tan clave en el caso fuera asesinada, nosotros teníamos nuestros $100.000 dólares asegurados, habíamos entregado las evidencias más importantes para el caso de Mario y sus empleados desaparecidos, contra las mujeres llamadas por nosotros las "damas misteriosas"; Marcela y Viviana.

El sicario

Estábamos convencidos de que Josué tenía algún tipo de contacto especial con las gemelas, pues si recomendaba una persona para trabajar en esa casa y la aceptaban con facilidad y además él asesinaba por la espalda a una persona como nos contó Ana, en sus declaraciones era un hombre que debíamos tomar muy en serio en esta investigación.

Decidimos identificar a Josué, la única pista que existía era la parada del bus donde se encontró con Ana, comenzamos a vigilar esa parada con tres vehículos, que es lo recomendado por el manual de seguimientos y así el objetivo tenga menos posibilidad de descubrir que lo investigan.

El transporte público en la Florida es deficiente debido al monopolio de los comerciantes dueños de negocios de renta de autos, a los que no les conviene que exista un buen servicio público para así ellos poder lucrarse rentando automóviles a los turistas que visitan la ciudad de Orlando, donde están los parques de juego de Walt Disney.

Comenzamos la vigilancia del sospechoso a las 7:30 de la mañana en la esquina de la calle siete y la 37 avenida del NW, en Miami. En toda investigación la vigilancia es algo tedioso y aburrido, en algunos casos se convierte en pérdida de tiempo, pero los investigadores tienen que aferrarse a cualquier pista para adelantar un proceso como el que estábamos trabajando, así éste parezca muy complicado.

El primer día pasamos 12 horas con tres autos en la escena sin ningún resultado, el tercer día a las 9:00 de la mañana Alex nos informó por radio que un hombre de espejuelos negros se acercaba por la acera del sur, caminando muy despacio y abriéndose paso con un bastón de empuñadura dorada, dichas señas coincidían con parte de la descripción que teníamos del individuo que había ayudado a nuestra informante a conseguir el empleo en la casa que investigábamos.

-Alex acércate al objetivo, trata de ser amable con el hombre, nosotros nos quedaremos en las cercanías para cubrirte.

-De acuerdo.

Mi asistente salió del auto en el que estaba en posición de vigilancia y se dirigió al encuentro del sospechoso, lo tomó del brazo izquierdo, con la palma de su mano derecha le acarició el hombro, para darle confianza y poder entrar en conversación sin despertar sospecha.

-Perdone, pero si me deja le puedo ayudar a subir al bus.

-Gracias niña.

Ella comenzó su trabajo de acercamiento con el individuo, estaba vestida con una blusa verde , el pequeño escote que dejaba ver algo de sus senos, su falda por encima de la rodilla, combinada con unos zapatos cerrados, la hacían ver sexy sin llegar al punto de exageración o provocativa, ante las miradas masculinas sobre su figura, tenía un perfume suave, esto le enviaría un mensaje al olfato del asesino para que pensara que la amable dama tenía gustos refinados y un nivel de educación bastante aceptable.

El individuo calculaba sus movimientos al caminar aunque se dejaba guiar dócilmente por las frágiles pero seguras manos de la mujer que actuaba a la perfección en su nuevo papel de cuidados para personas ciegas.

-Le estoy muy agradecido por su ayuda.

-Es un placer.

-¿Cuánto daría por tener una mujer de sus cualidades cerca de mí?

-Si no le molesta me sentaré a su lado.

Habíamos tenido éxito en el primer intento de acercamiento con este hombre desconocido para nosotros, pero muy importante en la Investigación sobre los asesinatos que Ana había visto cometer en la casa misteriosa.

-¿Puedo saber qué nacionalidad tiene la princesa que me ayudó a subir al bus?

-Soy colombiana.

-¿Está de vacaciones?

-¿Si le digo la verdad no se lo contará a nadie?

-Prometo conservar el secreto hasta mi muerte.

-Tengo un novio muy celoso en Medellín, Colombia, ja, ja, ja, ja.

-Ese hombre está loco, jamás celaría una mujer como usted.

-¿Le parezco fea?

-Es usted muy hermosa, si fuera mi novia la nombraría mi asistente personal y así estaría conmigo todo el tiempo.

-Eso suena mejor, no me ha dicho a qué se dedica.

-Mi trabajo es ser ciego, ja, ja, ja, ja.

-¿Cómo sabe que soy hermosa si es ciego?

-La naturaleza es sabia, su voz refleja qué físico tiene.

-Me convenció.
-Siempre convenzo a las personas con quien tengo contacto.

-Con mucho gusto tomaría el trabajo de ser su asistente, lo del noviazgo lo dejaría para más luego, ja, ja, ja, ja.

Todo estaba saliendo bien, si Alex se manejaba hábilmente podríamos saber quién era el misterioso hombre que se hacía pasar por ciego, cuando el bus llegó al Centro Comercial de las Américas, en la calle Flagler y la autopista 826, el hombre dijo:

-Esta es mi parada.

-Casi todos nos bajamos aquí para gastar los dólares en las tiendas.

-¿Cómo podría recompensarla por su gentileza de ayudarme?

-Si me invita a tomar un refresco le prometo estar a mano con usted.

-Creo que hay un pequeño restaurante dentro del centro comercial.

Cuando mi asistente y el supuesto ciego se dirigían hacia el restaurante nosotros le dábamos el apoyo necesario para identificar al buen sospechoso disfrazado de ciego.

Corrí hacia una tienda de telas que hay allí y compré un pedazo de lienzo o tela blanco, fui a mi auto, lo corté con una tijera que guardo en el equipo de herramientas y todo quedó listo para que el investigador que nos acompañaba fuera disfrazado como mesero del restaurante, con un delantal blanco en su cintura.

Alex pidió dos refrescos de lata con vasos plásticos, esto nos daría una oportunidad de tomar las huellas del hombre ciego, charlaron de gustos y cosas de la vida riendo a carcajadas, cuando terminaron y llegó la hora de la despedida para retirarse de la mesa, entró nuestro investigador, mesero con guantes plásticos y recogió los vasos y la lata donde Josué había puesto sus manos.

Nuestro investigador, salió hacia el depósito de basura, que le daba un ángulo para que Alex al pararse ocultara la visión del supuesto ciego y nosotros quedarnos con sus huellas.

Con las impresiones digitales en los objetos manipulados, en horas sabríamos quién era este personaje del mundo del crimen organizado.

La joven que atendía las mesas en el restaurante al ver la acción del improvisado mesero se quedó sorprendida cuando vio sus movimientos guardando la basura como un tesoro en un recipiente plástico que le habíamos entregado al Investigador para proteger las huellas del sospechoso.

Dos horas después del episodio del restaurante, al analizar las huellas descubrimos que Josué era el asesino del monte. Los agentes del Departamento Administrativo de Seguridad. DAS, en Colombia, nos dieron un reporte completo de quién era este hombre y nos comunicaron que los informes que tenían apuntaban a que este asesino estaba en territorio americano. Esta Investigación cada momento se ponía más interesante por los actores que estaban apareciendo en escena cada vez que dábamos un paso adelante en cualquier dirección.

Los inicios de un sicario llamado Josué

En la falda de la empinada loma donde el río negro divide en dos el pequeño caserío campesino, en los alrededores de Medellín, Colombia, un hombre campesino recibía en su casucha a un escuadrón de efectivos de la Fuerza Armada Colombiana, acompañado del observador señor, Sierra, empleado de la embajada americana en Bogotá.

-Señor Josué.

Se dirigió al campesino uno de los militares que comandaba el grupo de boinas verdes, especializado en combates de guerrillas que operan en los bosques de Colombia.

-Nuestra visita a su casa es porque tenemos denuncias que indican que en estos alrededores usted tiene cultivos de coca y como sabrá esa planta es ilegal. No queremos que se asuste con la presencia de estos hombres armados pues ellos no le harán daño ni a usted ni a los suyos, únicamente están aquí para protegerlos y pedirle que nos diga dónde están esos sembradíos, para nosotros ayudarles a destruirlos y sustituirlos por otros que usted y su familia puedan cosechar legalmente.

-En mi casa no tengo nada ilegal oficial.

-Podemos hacer esto de dos formas; usted nos lleva donde está la cocaína sembrada y nosotros lo ayudamos a remplazarla por otros cultivos auspiciados por el gobierno colombiano y la embajada americana representada aquí por el señor, Sierra o nosotros nos encargamos de encontrarla, destruirla y arrestarlo por violar la ley.

-Ahora, ¿dígame que prefiere?

La presión que ejerció el comandante de la brigada del ejército colombiano era demasiado para los pobres conocimientos de aquel campesino desarmado y mal alimentado.

-No quiero problemas con los americanos y menos con los militares.

Los métodos empleados por el militar bastaron para que el hombre del campo cediera, y bajo miedo llevara a los militares al terreno de cinco hectáreas que tenía sembradas de coca con financiamiento de la guerrilla colombiana de las FARC. Los guerrilleros le habían dado dinero para que se sostuviera mientras que su cultivo se desarrollaba y un rifle de un solo tiro para proteger sus siembras.

Los militares destruyeron la plantación de coca y le dieron semillas de tomate, repollo y otros vegetales para que con trabajo iniciara nuevos cultivos y contara con la ayuda del gobierno colombiano que por supuesto nunca llegaría, sin embargo, Josué no mencionó el arma de fuego que ocultó a los oficiales de la ley.

Esta familia colombiana inició una nueva vida dentro de su trabajo diario, a los 30 días ya los terrenos estaban nuevamente sembrados y produciendo, pero ahora en vez de cocaína serian vegetales que comercializarían legalmente en los mercados de las ciudades colombianas.

Una mañana el campesino sintió ruidos alrededor de su humilde vivienda, pensó que algún animal salvaje andaba en busca de comida, como era frecuente, en esa área boscosa, abrió la puerta con intenciones de Investigar que estaba perturbando la paz de su patio.

Su adrenalina subió al tope, unos 20 hombres estaban apuntándole con sus armas automáticas y le exigieron que no se moviera pues de lo contrario era hombre muerto, Josué soltó el arma que en ese momento llevaba en sus manos y levantó sus brazos, no podía pelear contra tantos combatientes armados, era tiempo de rendirse y tratar de hablar con ellos para salvar su vida y la de su familia compuesta por la mujer y su pequeño hijo de 13 años.

-¿Usted sabe quiénes somos?

-Sí, son guerrilleros.

-Nosotros le dimos el arma que conserva, dinero para que se sostuviera, hoy venimos por denuncia de que usted trabaja con los militares, pues vemos que nuestros cultivos de cocaína fueron sustituidos por tomate y repollo.

-Estoy con ustedes, pero esa gente se presentó y me obligaron a destruir los cultivos de coca.

-Haremos lo siguiente; buscará un terreno más adentro en la selva, del otro lado de la loma, corte los árboles y haga un sembrado de coca, para esto dispondrá de 30 días, cuando volvamos a chequear nuestro cultivo hablaremos.

-Usted sabe que los militares volverán y que ellos cuentan con personas que les informan de los trabajos que hacemos los campesinos.

-Díganos quiénes son esos informantes de los militares y se los quitamos de encima.

Los guerrilleros le devolvieron su rifle y se marcharon dejando completamente destruidos los nuevos cultivos que Josué había sembrado. El hombre quedó aturdido en medio de dos bandos que no podía complacer al mismo tiempo, o tenía que seguir la suerte de ocho millones de compatriotas que han sido desplazados dentro y fuera del territorio colombiano.

-La política utilizada para proteger al campesino es una pura mierda.

Le comentaba Josué a su esposa en medio de la cocina cuando tomaban café, durante los días siguientes.

Tenía unos días sobreviviendo con su pequeña familia comiéndose los pocos recursos que le quedaba. Una tarde oyó voces que lo llamaban a gritos al frente de su vivienda, se trataba de una columna de la guerrilla que iba a pedirle cuenta de sus compromisos.

Sin embargo, había más visitantes, un batallón de militares colombianos perseguía cautelosamente a los insurgentes para atraparlos en la primera oportunidad. Comenzó la balaceras, Josué el campesino nunca pudo percatarse quién le dio muerte, si los militares o los guerrilleros, los primeros tiros lo derribaron al suelo y murió al instante.

Para la familia Quiroga esto fue devastador, el padre muerto, la madre herida en una pierna y el niño de 13 años sin saber qué rumbo tomaría su vida al quedar solo con su madre. La humilde casa campesina quedó como un colador a causa de los múltiples impactos de las balas disparadas por los militares y los guerrilleros que se batían a tiros dejando a la familia de civiles en medio del fuego cruzado.

La viuda de Josué fue atendida por médicos militares, que les dejaron algunas raciones de comida, vendas y medicamentos para que se hiciera los cuidados necesarios si su pierna no se infectara. Pasaron más de 30 días pero ya la comida comenzó a escasear, y el niño, cuyo nombre también era Josué, tomó la decisión de viajar a Medellín a consultar con su primo hermano sobre la situación de hambre que se avecinaba en su casa. Cuando se encontraron en Medellín éste le preguntó a Josué:

-¿Primo cómo está mi tía de su pierna?

-Sanando con la ayuda de Dios y el apoyo de un bastón que le hice con un palo de una mata de guayaba que hay en el patio de la casa.

-¿Qué haces por estos lados?

-Primo sé que estás conectado con personas importantes, quiero que me den una ayuda, pues mi madre y yo estamos sin nada para comer.

-Déjame hacer algunas averiguaciones en la ciudad y mañana te cuento de lo que podrías hacer para ganar la comida.

Con esta promesa de su primo, Josué esperó hasta el día siguiente, cuando su familiar lo llamó para darle malas noticias.

-Primo no hay nada en la calle.

-Tengo que conseguir algo, esto es de vida o muerte.
-Te aconsejo que vuelvas donde mi tía para que la cuide de sus heridas.

-Primo quiero intentar algo, si llego donde mi madre sin nada nos moriremos los dos de hambre.

Contestó Josué angustiado, sabiendo que no podía regresar donde su madre peor que cuando se fue.

-Si tienes cojones te llevo donde una de las cuatro bandas de sicarios que hay en la ciudad.

-Primo, tengo más que cojones.

-Esta gente son asesinos a sueldo, si te dan una orden tienes que cumplirla, de lo contrario te mueres.

-Estoy preparado para lo que sea, necesito comida, mi padre fue acribillado a balazos, mi madre tiene todas sus esperanzas cifradas en mí y no tengo opciones.

-Te lo advierto, te llevo donde uno de los jefes de los sicarios, pero si dudas un minuto sales muerto de esa entrevista.

-Primo, te juro por los restos de mi padre que no fallaré.

En Medellín la juventud de las clases populares se enfrenta a una guerra protagonizada por cuatro bandas que imponen su voluntad en la mayoría de decisiones que se toman en la ciudad. El par de primos salió a la calle en busca del contacto que uno de ellos tenía en el bajo mundo de los asesinos a sueldo en Medellín Colombia.

Tienen una casa a la que llaman "La oficina"; allí se concretan los contratos en algunas ocasiones. Un periodista colombiano publicó un artículo donde relataba que la dueña de esta casa se hizo presente en su propiedad un día y los sicarios la mataron, después del asesinato, la hija de la señora envió a unos obreros para pintar y hacer algunas reparaciones al inmueble y los maestros de obra aparecieron muertos al día siguiente con sus cuerpos llenos de orificios de balas.

La cultura del asesinato a sueldo en Medellín Colombia es, sin ninguna duda, resultado de tres circunstancias que contribuyeron, al final de la década de los años 80; una juventud frustrada, con poco poder adquisitivo, una cultura del consumismo y ostentación vigentes en el modo de vida occidental, y la existencia de unos carteles de las drogas, que necesitan eliminar a las personas que se interpongan en su carrera por el control del mercado de la cocaína.

Medellín es una ciudad de aproximadamente un millón y medio de habitantes, donde todos los fines de semana aparecen más de 50 personas heridas o muertas por armas de fuego, de acuerdo a encuestas confiables el 65% de las personas que viven en la ciudad están armadas. La ciudadanía nunca denuncia ni habla nada sobre lo que sucede. El que habla es víctima de su propia lengua, pues para los sicarios el cobro de deudas de todo tipo por parte del narcotráfico es su fuente de empleo. Hay que admitir que en el año 2016 las cosas están mucho mejor.

La política de lucha gubernamental contra la violencia no ha arrojado resultados positivos pues el mercado de empleo para el sicario es muy amplio. El sicario es un símbolo de masculinidad. Para algunas niñas de Medellín, ser novia de un sicario constituye un orgullo. Cuando llegaron a la oficina donde los primos tendrían la entrevista fueron recibidos por uno de los reclutadores perteneciente a una de las bandas de asesinos.

-Mi primo Josué quiere trabajo en su organización.

-¿Él no tiene lengua?

Preguntó el sicario reclutador que lo recibió.

-Sí, pero como no conoce nada de la ciudad, le estoy ayudando a encaminarse.

-De acuerdo, espere en el patio, hablaré con él.

Josué se quedó solo con su entrevistador, sus ojos le brillaban como dos antorchas por el temor que sentía al enfrentarse a lo desconocido criminales que supuestamente le darían trabajo. La mandíbula le temblaban chocando sus dientes unos contra otros, las rodillas comenzaron a dolerle por el temblor que se presentó en sus piernas que venía controlando desde que llegaron donde tomaría su entrevista de trabajo.

-Tengo suficientes hombres, pero cuando veo personas jóvenes como tú me motivo a probarlos para ver si tienen madera para el trabajo.

-Gracias señor, le juro que si me da el trabajo no le fallaré.

Aseguró Josué decidido a triunfar en su primer trabajo dentro de la banda que lo entrevistaba.

-Te daré una oportunidad para que lo pienses y desistas de la entrevista, porque si sigues adelante puedes salir de esta habitación con un trabajo en el que nada te faltará, pero si fallas y veo que puedes ser un peligro para nuestra organización, te mueres hoy mismo.

-Vine por el trabajo.

Respondió Josué con seguridad. El sicario que entrevistaba a Josué sacó una pistola con silenciador y apuntó a Josué, el silencio rayó el espacio en el recinto donde estaban, el niño desvió su mirada hacia los descoloridos y rotos tenis que calzaba, pudo comprobar que de sus zapatos salía un líquido amarillo expulsado por su cuerpo, se había orinado. Cuando alzó sus ojos pudo ver a su interlocutor apuntándole con el arma hacia su cabeza, los orines seguían saliendo sin control, la muerte rondaba el cuerpo de este niño que debía hacerse hombre en la búsqueda de un trabajo siniestro. Su verdugo hizo una mueca con la boca y dijo:

-¿Cuántos años tienes?

-Cumplí 13, Señor

-Esta arma tiene tu edad o los años que tienes, 13 tiros y un silenciador, cuando se acciona el gatillo y dispara no se escucha ningún sonido, será tu arma de trabajo pero ahora tienes que ganártela.

-Sigo adelante, dígame qué tengo que hacer y me la ganaré.

-Tengo malas noticias niño, ya no puedes devolverte, el trabajo es tuyo, lo que se está discutiendo en estos momentos es sobre tu herramienta de trabajo y aquí hay que ganársela.

-Si tengo el trabajo, quiero la pistola.

El entrevistador hizo un movimiento con la mano que empuñaba el arma, la viró y se la entregó a Josué, quien la tomó como un juguete recibido el día de navidad.

-¿Sabes manejar un arma?

Preguntó el sicario con la sonrisa de la muerte dibujada en su rostro.

-He visto algunas películas americanas donde los buenos disparan matando todos los malos.

-Llegar al patio donde está tu primo te tomará 20 segundos.

-Es posible que lo haga en menos tiempo.

-Te doy una oportunidad para que te retires y abandone este trabajo.

-Esta pistola es mía lo siento.

-Te lo repito por última vez, retírate ahora o tienes que convenirte en un asesino despiadado sin escrúpulos, donde únicamente tenga importancia el sobrevivir.

-¡Señor si no me da el trabajo lo dejo muerto!, ¡recuerde que empuño un arma cargada frente a su rostro!

-¡Mierda este si es bueno!

Josué apunto hacia su entrenador con la frialdad de un asesino ganándose el respeto del entrenador. Le dieron el trabajo sin ninguna duda. Pero lo más triste del asunto fue la primera misión que tuvo que cumplir inmediatamente.

-Le meterás un tiro en mitad de la frente a tu primo y regresas aquí para seguir con tu proceso de entrada a nuestra organización.

El jovencito nunca esperaba esta sorpresa, se quedó mudo parado frente a su entrenador sin mover un músculo de su cuerpo.

-¡Mierda!, ¡esto sí que no me lo esperaba!

-Únicamente tienes que apuntar y apretar el gatillo, es sencillo.

A Josué nunca le pasó por su joven cabecita que tenía que matar a su primo para entrar en la organización. Era el hijo de la hermana de su madre, su único amigo, el que siempre había sido su guía, este trabajo era fuera de serie, hacía un momento que se había orinado del miedo al sentir la muerte de cerca, ahora le tocaba probarle a su jefe que él tenía suficiente valor para este trabajo. Salió del cuarto donde había tenido la conversación con el sicario, llegó frente a su primo y le dijo:

-Te dije que no fallaría, pero tengo poco tiempo para decirte que debo matarte.

Subió el brazo empuñando el arma, apretó el gatillo y el instrumento de muerte escupió un suave soplo sobre la frente de su primo que cayó estrepitosamente hacia atrás por la acción del plomo en su cabeza. Cuando Josué vio a su querido primo con la cara llena de sangre y se percató de que este no volvería donde los vivos, se dirigió rápidamente hacia el interior de la vivienda donde había quedado el sicario instructor, quien lo esperaba con un arma en la mano y la apuntaba en su dirección.

-¡Estás adentro!

Dijo el sicario probando la habilidad de su alumno ya que Josué había cumplido satisfactoriamente su lección.

-¡Sí!

-Nuestro lema es: "mata, que Dios perdona"

-Si

-Repite.

Ordenó el entrevistador que impartía el curso intensivo de sicario al jovencito Josué.

-¡Mata que Dios perdona!

-Toma esta arma, es tuya, siempre tiene que estar lista por si la necesita y este dinero es para que pagues un taxi y vayas a la iglesia de María Auxiliadora a darle gracias a Dios por el tiro certero que le diste a tu primo.

-De acuerdo.

-Desde hoy tú me perteneces, cuando termines vuelve aquí porque recibirás nuevas instrucciones.

Salió de la estancia buscando el cadáver de su primo, para sorpresa no encontró ni rastro de sangre en el lugar en que había matado a su familiar, se detuvo un segundo, inspeccionó el lugar y regresó donde su entrevistador.

-¿Dónde pusieron el cadáver de mi primo?

-Segunda lección: nunca te preocupes por los muertos, ellos no hacen daño, ya que estás frente a mí nuevamente toma este sobre que tiene un dinero adicional para tus gastos, después de salir de la iglesia vete a la casa de tu primo donde se enterarán después de tu llegada sobre la muerte de tu familiar, participa de todo, cuando lo entierren ve a tu casa deja a tu madre bien y regresa en una semana para que sigas con tu trabajo.

-¿Cuál será mi primera misión?

-Al regresar de ver a tu madre mata a la primera persona que veas vestida con ropa de color rojo.

Los sicarios principiantes pasan por varias pruebas, pero hasta que no se acostumbran a matar tienen que hacerlo sin motivo, para divertirse matan mendigos e indigentes que duermen en las calles, luego vienen los: "encargos" o "trabajos" "llamados contratos"

Estos serán de todo tipo: venganzas familiares, asesinatos políticos, eliminación de deudores que no pagan o acreedores para que con su muerte termine la deuda. La vida de un sicario en ocasiones es muy corta, para ser duradera tiene que ser muy precavido cuando va a cometer un asesinato, pues antes de hacerlo tiene que pensar en cómo saldrá del crimen después de ejecutarlo. La mayoría de sicarios suelen morir abatidos tempranamente por una banda enemiga, otros sicarios o la policía.

El asesino ataca en Estados Unidos

Josué comenzó una escalada asesina en su trabajo de sicario a sueldo muy intensa. En el bajo mundo del hampa colombiana lo llamaban, *"el asesino del monte."*

Por la historia de cómo se había iniciado en este temerario y aborrecido trabajo de homicida a sueldo. En sus primeros cinco años de actividades se le atribuyeron más de quinientos asesinatos, mandado a ejecutar por el cartel de Medellín en Colombia, dirigido por el tristemente célebre asesino del crimen organizado de Medellín, Pablo Escobar.

Esta poderosa organización criminal, el cartel de Medellín, le hizo a Josué innumerables *"encargos"* de asesinatos durante los años 80 y 90, con la eficiencia mostrada por el asesino del monte en su trabajo, logró posicionarse en el mercado del crimen como uno de los mejores en la macabra actividad.

La mayoría de asesinos latinoamericanos que delinquen en territorio norteamericano son frecuentemente arrestados y condenados, este hecho no les permite tener una vida criminal muy larga. Cosa diferente sucede en Colombia y en otros países latinos, pues la corrupción y la inseguridad existente hacen parte del camuflaje utilizado por los delincuentes para perpetrar sus crímenes y seguir en la impunidad, cosechando los frutos de su abominable oficio.

Josué, el asesino del monte, fue enviado a Miami, Florida, en Estados Unidos para proteger los intereses de su patrón. Pablo Escobar, que allí tenía una célula de su organización para distribución de cocaína dirigida por las gemelas Marcela y Viviana.

Se supone que una buena organización criminal debe tener a todos sus peones en posición de poder cortarles la cabeza una vez se van produciendo filtraciones que son producto de la misma dinámica del negocio. Por parte de nuestra oficina, una vez identificado el peligroso personaje debíamos tomar medidas de emergencia para evitar posibles ataques contra nuestro personal, con tal propósito establecimos constante vigilancia en la parada del bus, pues ahora se trataba de descubrir cuáles eran las intenciones del sicario Josué.

Alex estaba equipada con varios equipos tecnológicos que los Investigadores usamos para hacer nuestro trabajo, sobre todo en las situaciones más difíciles y peligrosas, tenía una cámara de alta potencia oculta en un broche que usaba para prensar su frondosa cabellera dorada como el oro.

Después del encuentro que tuvo mi asistente con el sicario en el restaurante, no había vuelto a aparecer por los puntos de vigilancia que teníamos establecidos en la parada de bus y en el centro comercial. Insistía en que debíamos continuar con la vigilancia pues un asesino muy pocas veces abandona su objetivo cuando tiene un contrato.

Mi intuición me llevaba al convencimiento de que si el hombre se había esfumado del área era señal de que algún trabajo se había efectuado. Después de dos semanas de vigilancia sin resultados decidí suprimir la vigilancia del centro comercial, pero la mantuve en la parada de buses y destiné a Alex en esa posición ya que ella conocía al hombre y podía hacer mejor el trabajo que cualquiera de nosotros.

Por esos días tomé la decisión de informar al FBI que el hombre que había ayudado a Ana a conseguir el trabajo en la casa de las gemelas era un peligroso asesino a sueldo del cartel de Medellín, con esta medida me protegía de no guardar información que pudiera incriminarme en un futuro cuando se descubriera todo lo que estaba en proceso de Investigación por varias agencias.

Una hora después de proporcionar la información a los agentes federales recibí una llamada del Departamento de Recompensas del FBI, en la que me comunicaron que el gobierno colombiano tenía una recompensa de $500.000 dólares a mi favor y que el Departamento de Estado en Washington tenía otra recompensa por $1.000.000 de dólares por la información que nos llevara a la captura de este peligroso asesino.

El interés por la buena noticia creció en nuestra oficina cuando informé a mi asistente sobre el rumbo que habían tomado nuestras averiguaciones acerca del sicario que habíamos descubierto en la estación de buses.

-¡Jefe, nos sacamos la lotería!

Exclamó jubilosa la rubia colombiana que hacia la vigilancia.

-No sueñes mi querida, tengo que agarrar a este hombre antes de pensar en la generosa recompensa.

-No soñaras usted, pero yo lo tengo a menos de media cuadra de mi vista.

-Es muy agradable el chiste que haces en estos momentos.

Recriminé a Alex por su chiste de que estaba viendo que el asesino se acercaba a su puesto de vigilancia.

-¡Jefe es en serio el hombre está llegando!

-¡Mierda!

-¡Tenemos un problema!

-¡No te mueva estamos saliendo todos para tu dirección!

-En unos minutos vendrá el bus y ustedes perdiendo tiempo, sabes que estoy sola en esta misión de vigilancia, o vienes a ayudarme o te pierdes del baile, le pegare un tiro al hijo de puta.

-¡No!

-Ustedes creen que perderé $1.500.000, de dólares porque no tenga apoyo.

-¡Estás loca!, ¡espera!

Salí corriendo, me llevé al Investigador que estaba de turno en la oficina, tomamos dos autos con los que partimos manejando a velocidades temerarias por las calles de Miami en dirección hacia el punto de vigilancia.

Cuando llegamos a la parada de bus, estaba en shock, me dolía la cabeza, las palpitaciones del corazón se notaban en mi pecho, tenía la mirada perdida y mi mente en blanco, no podía organizar ningún pensamiento, cuando uno tiene por medio una suma de dinero como la que me estaba jugando, solamente pensar en la posibilidad de que se me escapara hacía que la presión arterial subiera de manera alarmante.

Tenía que pensar con rapidez y tomar una decisión atinada, porque el riesgo de lo que pasara en los próximos minutos dependía de los movimientos que efectuara el asesino. El bus se acercaba y yo estaba paralizado sin saber qué decisión tomar, escuchaba la radio de mi asistente sonando con gritos desesperados en la lejanía de mis oídos.

-¡Mierda!

-Espera.

-¿Qué haces, estás enfermo?

-¡No veo el hombre!

-¡Dime qué hacer Jefe, por el amor de Dios, el objetivo se marcha!

Desperté de un letargo parecido a un profundo sueño, no sé qué me pasaba, acaso ¿Pensaba en la suma de la recompensa?, o en el mal que había hecho ese hombre durante su larga vida matando a culpables e inocentes, siendo él mismo juez y verdugo.

-Alex, no te muevas de donde estás, déjalo que tome el bus.

Hable por la radio de comunicación para que todos estuvieran alerta de lo que estábamos planeando en ese momento de frustración.

-Jefe si no llamas al FBI en estos momentos, corremos el riesgo de perder al hombre y con él una gran suma.

-Podemos ganar la gran suma de la recompensa, pero nos perdemos de saber cuál será el objetivo que persigue el asesino.

-No estoy de acuerdo, pero respetaré tu decisión.

-Si este asesino va en busca de una víctima quisiera saberlo, sigamos el bus.

Fuimos detrás del transporte abordado por el sicario cuando vimos que hacía una parada en el centro comercial, consideré prudente llamar a los federales para que ellos continuaran con la peligrosa persecución y nosotros quedarnos con la recompensa y terminar con la angustiosa situación que estaba acabando con mi sistema nervioso.

Los pasajeros que bajaron del bus no coincidían con la descripción del hombre que perseguíamos, mis nervios me traicionaban, si este asesino se escapaba nunca me perdonaría mi actitud de querer hacerlo todo, era hora de hacer la llamada mágica al FBI.

-Alex, me adelantaré al autobús para esperarlo en la próxima parada, quiero estar seguro de que nuestro hombre está dentro.

-¿Quieres decir que entrarás al bus?

-Así lo haré, tú llama a los federales y no se te ocurra perderme de vista, no quisiera que este animal me acribille a tiros pues con seguridad tiene alguna arma con silenciador en su poder, esta gente nunca anda desarmada.

-Déjeme entrar en acción que este hijo de puta no se va. Con las ganas que tengo de unas buenas vacaciones, si conseguimos esa recompensa le juro que me comeré vivo al desgraciado antes de que se escape.

Mi asistente estaba excitada, esta muchachita tiene lo que le falta a muchos hombres cuando les doy libertad de movimientos en alguna acción, estoy seguro de que actuará con precisión pues en más de una ocasión me he visto en la puerta de la muerte y ella con su sangre fría ha logrado que usted, amigo lector, esté leyendo este fascinante relato, ella aparece en el último instante como un (As) salido de la manga y me salva la vida.

Cuando el bus se detuvo estaba listo para subir, pero una mujer con dos niños y un cochecito, me impedía el paso. Me llené de paciencia, tenía la seguridad de subirme al autobús aunque tuviera que volar, antes de que el vehículo terminara esa parada.

Cuando el conductor se preparaba para arrancar, con dificultad le hice señas de que subiría como pasajero pero para eso debía dejar que yo le echara una mano a la madre de las criaturas que no me permitían seguir adelante. El hombre sonrió y puso nuevamente la palanca del autobús en la letra "P", (Parqueo), esto tranquilizó mis nervios porque el chofer me esperaría.

Cuando finalmente logré subir al bus me situé detrás de nuestra presa, pero algo me llamó la atención, sus pantalones anchos indicaban que el hombre estaba hinchado o gordo, el cabello lo tenía teñido de blanco y encima de sus labios lucía unos enormes bigotes.

Estaba totalmente transformado, lo único que tenía igual al Josué que conocíamos era el bastón color oro con un mango de metal. A pesar del tremendo ruido de la música que salía de la radio del autobús, con mucho cuidado tomé mi teléfono celular y me dispuse a marcar un número para no despertar sospecha, pues en realidad tenía que comunicarme con Alex por el transmisor y no por el celular. El pequeño aparato lo tenía ubicado en el cuello de mi camisa y a través de él me llegaría la voz a otro diminuto aparato que estaba dentro de mi oreja, que para disimular tenía el color de mi piel.

-Alex tú lo conoces más que yo, estuviste con él, ¿Estás segura de que es nuestro hombre?

-Estoy 100% segura, el mono aunque se vista de seda mono se queda, el hombre está disfrazado, pero lo reconozco por el bastón y las botas que lleva puestas, son únicas, los tacones y la punta están provistas por afilados cuchillos que al ser presionados muestran su cortantes puntas.

Esta jovencita no olvidaba los pequeños detalles que es lo que hacen que un investigador logre sus objetivos.

-Tendrás que ilustrarme sobre esto después, pues veo que tienes la Universidad de conocimientos sobre el bajo mundo.

-Este tipo de calzado lo hace un zapatero que conozco en Medellín para los sicarios asesinos, ellos usan estas mortíferas armas como una segunda opción, en caso de aprietos, le tiran una patada a su enemigo y lo que se le clava en el cuerpo del contrario es un cuchillo que en segundos lo deja inmóvil.

-¿Me quieres decir que nuestra presa es un lobo disfrazado de oveja?

-Eso creo, debes tener mucho cuidado con lo que estás haciendo, recuerde que estamos tratando con un hombre astuto y muy cuidadoso, detrás de esa gafas oscuras esconde algo más que tenemos que descifrar.

Todo marchaba bien, el bus siguió haciendo paradas sin que nuestro hombre moviera un músculo, por un momento pensé que se había quedado dormido pues su cuerpo se mantenía recto, imitando verdaderamente a un ciego de nacimiento, en la última parada que hizo el autobús noté que entraríamos a la zona del aeropuerto de Miami, me sentía seguro pues los federales ya estaban en movimiento siguiendo las instrucciones de mi asistente, que hábilmente movía los hilos de la situación para que nuestra presa quedara en manos de las agencias del gobierno americano y nosotros gozar de lo lindo con un poco de dinero extra que nos caería como del cielo.

El autobús hizo su parada frente a la terminal "E" del aeropuerto, en Miami Florida, el hombre se levantó de su asiento y se dispuso a salir. Comenzó a desplazarse para bajar con una lentitud digna de admirar, sus movimientos eran muy bien ensayados, dejando un espacio entre cada gesto y movimiento muscular que cualquier persona estaría convencida de que era un viejo ciego al que había que ayudar, su bastón se movía con tal destreza que hasta yo que conocía la situación, tuve momentos de vacilación en cuanto a si estábamos siguiendo al hombre correcto.

Una dama que bajó primero que él lo tomó del brazo y le ayudó a llegar a la calzada del edificio de la terminal aérea. "El Ciego" tomó el pasillo central de aquel gran aeropuerto por donde caminaba una enorme cantidad de personas. Todo lucía muy normal, la gente se desplazaba conversando sobre lo que vieron en las tiendas de los costados del edificio, algunos niños protestaban porque sus madres se negaban a comprarles juguetes.

Las personas que habían dejado sus compras justo para última hora, antes de su vuelo, se atropellaban adquiriendo lo que pudieran en las tiendas de los varios centros comerciales del aeropuerto. Hay que ver la felicidad reflejada en las mujeres cuando se pasean por un centro comercial, parecen diosas poseídas por el encanto de comprar. Si quiere tener a una mujer contenta dele dinero para que vaya de compras, al regresar le dará lo que usted le pida.

Mis reflexiones seguían en aumento, parado en una esquina del pasillo del edificio en espera de los movimientos del hombre de nuestro interés, éste se detuvo para sentarse en uno de los asientos de la sala de espera del pasillo "E", de donde hacen su partida la mayoría de los vuelos internacionales. Desde una de las tiendas salió un hombre de unos cuarenta años, de cabello canoso, se acercó a "El Ciego" y comenzaron una charla amigable. El sujeto le entregó un sobre a nuestro invidente y se despidieron como buenos amigos.

-¿Alex, los federales están en posición?

-Tranquilo jefe ya están siguiendo al hombre que le entregó el sobre al sospechoso.

En ese momento giré en dirección a "El Ciego" y no lo vi, lo había perdido de vista, el pánico entró en mi cuerpo, ¿Dónde diablos se había metido?

-Alex.

-Sí.

-¿Dónde estás?

-Sentada en una sala encima de donde se encuentra, viendo todo a través de una pantalla de televisión.

-No, te pregunto por el desgraciado ciego.

-Tranquilícese jefe, nuestro hombre está en el baño.

-¡Mierda!, ¿Cómo llego, dónde estás?

-Cálmese.

-¿Puedes informarme qué hace?

-Está abriendo el sobre que le entregó el hombre de la cabeza canosa, encerrado en uno de los cubículos del baño.

-¿Qué fue lo que le entregaron?

-Una fotografía, nuestros hombres de seguridad del aeropuerto están tratando de identificarla, se parece a un piloto.

-Cuando veas que el hombre salga de los baños me avisas.

-Por favor, tranquilo que los federales tienen todo bajo control.

No era que estaba fuera de control, es que por experiencia sé que este tipo de sujeto, son magos del disfraz, siendo capaces de cambiarse de ropa frente a tus narices y salir frente a tu posición sin percatarte que quien está delante de tu persona es el desgraciado que persigue.

-Jefe, en estos momentos nuestro hombre sale nuevamente y va en dirección a la sala de espera.

Alex estaba muy tranquila en una sala dotada de todas las comodidades, tomando jugo de naranja natural acompañado de pasteles de queso y con una pantalla de televisión desde donde seguía todos los movimientos del hombre que seguíamos, mientras yo tragaba saliva en seco, apostado en una esquina, sin saber cuál sería el desenlace de esta persecución.

En el aeropuerto los federales no querían arriesgar mucho por temor a una posible balaceras si las cosas se salían de control. El que impartía las órdenes, un supervisor del FBI, no se decidía a dar la señal de atacar pues no quería perderse la oportunidad de saber qué pretendía uno de los asesinos más peligrosos del momento en territorio norteamericano.

De un momento a otro comenzaron a salir muchas personas a los pasillos debido a que varios vuelos habían aterrizado, en ese instante nuestro hombre se levantó de su asiento y se dirigió hacia la salida de la calle, quedé paralizado pues no veía a los federales, y si estaban cerca del "Asesino del monte" hacían su trabajo muy bien, pues la sala aparentaba estar muy normal, con gente caminando en todas las direcciones sin percatarse de que a su lado estaba uno de los criminales más temidos y responsable de quién sabe cuántas muertes.

Nuestro asesino salió del edificio y se colocó de espalda a la pared, sacó una caja de cigarrillos, encendió uno y se dedicó a fumar, igual que lo hacían otras personas aprovechando la oportunidad de salir del aeropuerto para darle largas chupadas a sus cigarrillos y satisfacer su adicción.

Por prohibición establecida en el reglamento de pasajeros, en Miami no está permitido fumar dentro del edificio de la terminal aérea y menos dentro de los aviones.

Me llamó la atención el autobús que estaban cargando sus maletas un grupo de azafatas y pilotos que acababan de llegar como tripulación de un vuelo comercial tenía el motor encendido, su chofer daba instrucciones para organizar correctamente el equipaje en la parte trasera del vehículo.

Los pilotos y azafatas que abordarían el autobús comenzaron a ingresar por la puerta automática que el conductor accionó para permitirles la entrada.

En ese momento nuestro hombre "El Ciego" que terminaba de consumir su cigarrillo se apoyó en su bastón y comenzó a caminar hacia la puerta que daba hacia el interior del aeropuerto, noté que uno de los pilotos que subía al autobús resbaló y cayó de bruces dentro del vehículo, que ya se estaba llenando de pasajeros, sus compañeros se inclinaron para ayudarlo a incorporarse.

Seguía todos los movimientos de "El Ciego" cuando noté el incidente de los pilotos dentro del vehículo me distraje y le perdí de vista por un instante, tiempo durante el cual "El Ciego" desapareció dentro de la edificación confundiéndose con la muchedumbre que transitaba por el congestionado corredor.

Cuando decidí moverme de mi ubicación frente al autobús, pude ver al compañero del piloto caído tratando de levantar a su amigo dentro del vehículo, pero de un momento a otro soltó el cuerpo de su colega al ver un chorro de sangre que corría por el piso del autobús.

Sentí un choque interior en mi cuerpo cuando escuché el grito de una de las azafatas pidiendo ayuda, el hombre no se había caído por accidente, estaba mortalmente herido y dejaba un rastro enorme de sangre además de contagiar de terror a todas las personas que, desesperadas de la angustia se movían atropelladamente tratando de salir del lugar ensangrentado.

No sabía si lanzarme a correr tras el asesino del monte pistola en mano o estaba seguro de que esta tragedia era obra del malvado, no pude ver ni oír de dónde diablos habían salido los disparos que hirieron de muerte al hombre que yacía en el piso de aquel transporte de pasajeros.

Apareció en escena un despistado guardia de seguridad que no sabía cuál era la razón por la que un hombre se retorcía de dolor dentro del bus, mientras se desangraba en medio de aterradoras convulsiones.

Me acerqué al guardia, y le dije:

-¿Qué hace? ¡Lláme a la policía!

-¡Pero, pero!

-¡Nada de pero! ¡Llame al maldito 911 y dile que hay un hombre herido de bala!

-¿Cómo puede ser de bala si no se escuchó ningún disparo?

-Si no llama en este momento a la policía, el que le meterá un tiro en el culo seré yo.

El hombre me miró y sentí cómo el miedo recorría su cuerpo, se retiró sin darme la espalda y cogió su radio de comunicación para llamar a la policía. Como pude, me acerqué al hombre herido y le pregunté con una grabadora en la mano:

-¿Quién le disparó?

-¡Fueron ellas!

-¿Quiénes son ellas?

-¡Las gemelas, ellas quieren matarme!

-¿Por qué lo quieren matar?

-Llame a una ambulancia que me estoy muriendo.

-Ya mandé a llamarla, pero si no me dice por qué le dispararon no podré ayudarlo.

-Soy piloto.

-Eso lo sé, esta vestido como uno de ellos.

-¡Me estoy muriendo!

-¿Por qué lo quieren matar?

-Un, un, un, vuelo salió mal en, en Costa Rica.

-¿Por qué salió mal?

-La, la finca, la finca no era la finca.

-¿Cómo se llama la finca?

-Me muero.

Note que el piloto estaba sin sentido, se estaba yendo del mundo donde vivió por unos 43 años aproximadamente, hablaba automáticamente con el conocimiento de que se despedía de este planeta, su respiración comenzó a detenerse, hizo un movimiento brusco hasta que el cuerpo dejó de moverse.

Es un espectáculo impresionante ver morir a un ser humano, la experiencia es inigualable de cuando se nos va el espíritu que nos conserva la vida.

En ese momento no me importó el gran alboroto ocasionado por la repentina muerte del piloto al caer herido de bala, la gente corría a mi alrededor, el guardia de seguridad vino a toda prisa a decirme que había llamado la Policía y en el trayecto tropezó con un niño que cruzaba el pasillo, el chico cayó al suelo armando todo un escándalo, a lo que la madre corrió al encuentro de su hijo acaparando toda la atención de la multitud. La mujer se armó de valor y le dijo al asustado guardia de seguridad:

-¡Si mi hijo tiene alguna lecciones demandare tu compañía!

Aproveché el pánico e introduje mi mano en los bolsillos del pantalón del muerto, saqué su cartera, tapando la acción con mi cuerpo para que la cámara de vigilancia del aeropuerto no me registrara.

Me levanté y salí lo más rápido posible del área del incidente, cuando doblaba por el corredor me encontré con dos policías que llegaban a toda prisa como locos en dirección a donde estaba el muerto. Minutos después se comenzaron a escuchar las sirenas de las ambulancias de la Policía y los bomberos que se acercaban al lugar.

En ese momento recordé que Alex podía informarme cuál era la posición del asesino ya que ella estaba en la sala de control de vigilancia del aeropuerto, tomé la radio y accione el botón de llamada.

-¿Alex, qué está pasando?

-Eso quería preguntarle, porque nuestro hombre está en los baños del segundo piso.

-Hay un hombre muerto en la salida del terminal "E"

-¿Cómo sucedió?

-Creo que fue nuestro ciego quien disparo.

-¡No es posible!

-Lo estamos viendo todo desde este punto.

Respondió ella, dándome cuenta que la vigilancia del aeropuerto no se había percatado de que había un muerto en sus narices.

-Desde aquí se ve gran actividad policial frente a un autobús.

-Ese es el muerto.

-Aquí en estos momentos están procediendo a entrar al baño para arrestar al asesino, ya saben del hombre muerto, esto se está poniendo muy peligroso.

-Alex, diles que el hombre está armado con un arma incrustada en su bastón y que está provista de silenciador.

Los agentes corrían como locos por el pasillo del aeropuerto con sus armas en las manos listas para ser disparadas si era necesario, yo seguía moviéndome en la misma dirección de los federales pues consideraba que ellos me llevarían donde estaba la acción. Cuando me acerqué a la puerta de los baños vi una escena que nunca podré olvidar, cinco hombres desnudos de la cintura para abajo en la puerta de los inodoros con mierda hasta en los tobillos y ocho más que estaban orinando, pegados a la pared con las manos en alto y sus penes fuera de los pantalones. Los agentes gritaban.

-¡Que nadie se mueva!, ¡Mantengan las manos sobre la cabeza!

-¡Todos contra la pared!

Esto era un espectáculo digno de un fotografiado, con seguridad que el hombre que estuviese con estreñimientos sentado en un inodoro de este baño, pudo resolver su problema con facilidad gracias al susto, que si no resolvía sus problemas tenía que pedir cita al médico lo antes posible. En ese momento me di cuenta que teníamos un problema mayor, si los hombres que los agentes tenían contra una de las paredes del baño eran todas las personas que efectivamente allí se encontraban, quería decir que nuestro hombre se nos había escapado, porque ninguna de aquellas personas tenía el parecido ni la contextura física del asesino del monte.

El corazón se me quería salir del pecho, la impotencia me consumía, no podía comprender qué estaba pasando. ¿Dónde diablos se había metido el hombre si por la puerta del baño nunca salió? había visto que unos tres minutos después de que el asesino entró al baño un guardia de seguridad que lo seguía se ubicó en la puerta por donde tenía que salir el sospechoso, de tal manera que la salida se encontraba bloqueada.

El guardia que permanecía al lado de la puerta recibió en ese instante órdenes de la central de vigilancia, dirigida por un agente del FBI:

-Si ve al sospechoso trate de detenerlo y si es necesario dispare a matar.

-Sí señor.

El vigilante del aeropuerto estaba seguro de que su presa estaba dentro del baño. Por mi parte, al ver aquel panorama tenía mis dudas, así que opté por la segunda opción, salí corriendo del lugar mirando en todas las direcciones en busca de Josué sin tener éxito, buscarlo sin saber qué personalidad había adquirido, porque podía haberse disfrazado, era como buscar una aguja en un pajar.

Salí a la calle donde un paramédico examinaba el cuerpo del piloto, declarándolo muerto por las heridas, con arma de fuego recibidas al subir al bus que lo llevaría hacia el hotel donde se alojaría con la tripulación que lo acompañaba. Hice un reconocimiento del área y no vi al sospechoso, decidí buscar mi auto para ir detrás de Josué.

Partí en mi auto a toda velocidad dejando atrás el área del aeropuerto al que llegaban autos patrulla por todos los costados, con sus sirenas aullando y haciendo señas con luces para que los autos civiles les abrieran paso.

Rebasaba los autos que me encontraba en el camino por cualquier costado, sin importar lo que pasara, tenía que llegar a donde me dirigía a toda velocidad pues en el aeropuerto no hacía nada.

Si el hombre estaba en los alrededores del puerto aéreo, los federales se harían cargo de la situación, pero si mi instinto no me traicionaba tendría la delantera cuando me acercaba a la parada del bus donde Josué acudía con frecuencia, así que pasé al sendero que usaba para acercarse a su habitual parada.

Me detuve en una esquina desde la cual dominaba cuatro cuadras a la redonda del terreno que vigilaría, además de las dos de la parada, mi percepción sería muy acertada si el sospechoso regresaba a su escondite, cosa probable, pues si lograba escapar del aeropuerto vendría a esconderse para después huir sin dejar rastros, llamé a mi asistente:

-Alex, ¿lo atraparon?

-Negativo les dejó a los federales su traje, peluca y otros utensilios de su disfraz en el baño.

-Dile al agente que dirige la operación que me envíe 10 hombres en vehículos encubiertos, sin identificación policial, al paradero donde nuestro sospechoso toma el bus.

-Se lo diré inmediatamente.

Si mis cálculos daban resultados, el sospechoso vendría a su guarida, era el sitio donde se sentiría más seguro, había que descubrir dónde vivía, en ese momento la radio de comunicación comenzó a sonar:

-¿Me escucha, jefe?

-¿Vienen ya en camino?

-Negativo, el jefe de la operación dice que tiene a todos sus hombres ocupados.

-Trata de buscar con toda rapidez al agente del FBI, Manuel Fernández, cuando lo tengas cerca de ti llámame, pero por amor de Dios, esto tiene que ser rápido, creo tener nuevamente a nuestro hombre a unos pocos pasos.

En ese momento un taxi del aeropuerto de color amarillo se detuvo a media cuadra de donde me encontraba estacionado. Sonó la señal de mi radio:

-Jefe, aquí tengo a su amigo, del FBI.

-Escúchenme con atención, nuestro hombre está a una cuadra hacia el sur de la parada del bus donde hicimos contacto con él la primera vez.

El agente hizo uso de la radio de comunicación y con voz temblorosa dijo.

-No entiendo, ¿estás diciéndome que tú solo persigues al sospechoso?

-Te juro por los restos de mis antepasados que si no vienes en estos momentos y el hombre quiere escapar, lo detendré aunque me cueste la vida, pues ya lo tuvieron y se les fue, ahora es mi turno, este hijo de puta tendrá que abrirse paso tirando lo mejor que tiene, porque puede estar seguro que nos daremos bala mientras ustedes se rascan los cojones y vienen.

Parece que mis palabras surtieron efecto en el agente del FBI, pues la comunicación se cortó inmediatamente terminé de pronunciar mi última palabra. El ocupante del taxi amarillo se desmontó dándome la evidencia que necesitaba para estar seguro que su pasajero era nuestro hombre. Cuando cerró la puerta del transporte que lo trajo, tomó su bastón, lo colgó en su brazo izquierdo y se decidió entrar a una vivienda que tenía una verja de hierro color blanco, en ese momento escuché el sonido de mi radio, era la voz de Alex fuera de tono.

-Jefe, ya salimos hacia dónde estás, pero le pido que detengas a ese desgraciado, como sea.

-Tranquila que en estos momentos yo tengo ventajas, pero hay que tomar en cuenta que es un asesino experto, deja muy pocas huellas y tiene todos sus movimientos calculados, con seguridad me lleva 10 pasos delante y así es muy difícil apresarlo.

-Este aeropuerto parece una academia de policías, hay tantos, que parece los enviaron a todos.

Protestó Alex. En ese momento pasó a la radio el agente del FBI, Manuel Fernández.

-Quiero que me des una descripción de lo que está pasando para informarle a los vehículos que van en camino para ayudarte.

-Nuestro sospechoso entró al patio de una vivienda de verjas blancas, creo que se escondió detrás de la casa. Ahora salió, con nueva apariencia, camisa azul, pantalón negro, en estos momentos camina por la acera de la calle, se colocó sus espejuelos negros y su bastón va tanteando la calzada aparentando ser un infeliz ciego.

-¿Qué quieres decir con la nueva apariencia?

-Cuando el taxi lo dejó vestía una camisa blanca y no tenía puestos los anteojos, entró al patio de una casa pero en menos de tres minutos, cuando el taxi que lo trajo desapareció, salió nuevamente totalmente cambiado con otra ropa, en este momento camina hacia el este por la calzada de la izquierda, desde donde me encuentro.

-Un auto de los nuestros me informan que lo está viendo caminar.

-Sí, así es, el auto está pasando ahora mismo frente a donde estoy estacionado.

-No hagas nada, lo dejaremos llegar al lugar al cual se dirige.

-Por estar dejando que este hombre siga caminando mató a un piloto y estuvo a punto de escapar, creo que ya es hora de actuar.

-¡Asumo la responsabilidad, que nadie se mueva!

Dijo el agente del FBI dejando una marca de confirmación en sus palabras para calmar a todos los que escuchábamos su conversación por el radio de comunicación.

-Les garantizo que si no se dan prisa el que asumirá el riesgo será otro.

Por desgracia a veces es necesario que se derrame más sangre para tener la suficiente evidencia que permitirá recluir al delincuente por muchos años en la cárcel, pues la mayoría de las Investigaciones en Estados Unidos demoran infinidad de tiempo, trabajando en búsqueda de pruebas contundentes.

-En este momento entra a la marquesina de una vivienda.

Me comuniqué oportunamente por radio al detective del FBI, parecía que este hombre tenía más de una casa en este sector para poder conseguir ruta de escape en caso que sea necesario salir corriendo ya que había entrado a una residencia anteriormente cuando cambio su vestimenta y ahora entraba a otra.

-Tranquilo que tenemos un helicóptero con el sistema de silenciador para no hacer ruidos encima de la cabeza de ese desgraciado, este aparato nos está informando claramente lo que sucede en la escena mirando desde lo alto.

Ahora si están trabajando estos vagos con chapas del FBI. En este instante comprendí que las horas en libertad del asesino estaban contadas, nada podría hacer frente al derroche de fuerza y precisión operativa con que los federales se situaban en posición de ataque, además, si dominábamos el espacio aéreo tendríamos con seguridad ganada la batalla. Asomé mi cabeza por la ventanilla buscando el helicóptero, pero no escuché ni vi nada, transcurrieron unos 10 minutos cuando se dio la orden.

-¡Ataquen!

Fue lo único que se escuchó por la radio, dejando esta orden un silencio momentáneo que nos helo la sangre, doce hombres vestidos de negro, con armas largas, chalecos antibalas y cascos protectores, con sus caras cubiertas por máscaras negras salieron no sé de dónde, pues cuando vine a darme cuenta estaban frente a la puerta de la vivienda del sospechoso, uno de los agentes deslizó su mano derecha hacia la cintura y tomó una granada de humo que lanzó hacia el vidrio de una de las ventanas que estalló en mil pedazos al contacto con el pesado proyectil, cuando la granada cayó en el piso de madera interior de la casa se produjo un tremendo ruido al estallar, el recinto se llenó de humo, desde mi posición pude ver cómo la puerta fue derribada con tal facilidad que quedé asombrado.

Se escucharon algunas detonaciones aisladas, la calle se llenó de automóviles, que chirreaban sus neumáticos, cuando se abrían las puertas de los coches, los agentes federales salían hacia el pavimento, todos con sus armas apuntando hacia la vivienda por si era necesario disparar. En medio de esa selva de sonidos de todo tipo, vi cómo el helicóptero del FBI se posaba casi en el techo de la casa con cuatro hombres, dos en cada costado de la aeronave apuntando sus rifles de alto poder hacia la vivienda donde se encontraba el sospechoso.

El tiempo se detuvo, en mi posición de vigilancia, sentado en mi automóvil, mi respiración comenzó a desvanecerse cuando vi que algunos de los agentes que entraron en la vivienda comenzaban a salir.

-¡No podía ser!

El hombre se había escapado nuevamente, mi mente no asimilaba lo que en aquella vecindad de clase media estaba pasando. Mi asistente me mataría ya que no podría irse de vacaciones por no poder cobrar la jugosa recompensa que nos daría el FBI, por atrapar al peligroso asesino del monte. Dios mío, cómo es posible que ese asesino que vi entrar en la casa se pudiera esfumar sin dejar rastro.

Pensé que estábamos persiguiendo a un fantasma, mi corazón latía con ritmo muy acelerado cuando ya había contado que ocho hombres del equipo SWAT habían salido por la puerta de la vivienda sin ningún detenido. De repente se iluminó el espacio, mi sed de obtener resultados positivos vio una luz al final del túnel, los últimos cuatro agentes salían de la casa allanada.

Esta visión me dio una de las emociones más grandes que he recibido en este mundo, dos de ellos tenían agarrado por cada lado una camilla que traía encima un hombre, trayendo así con ellos, en posición de hamaca al asesino con su largo récord criminal de muerte por paga, encargado de la limpieza de testigos y asesinando a la competencia de una de las organizaciones criminales más temidas en el negocio de las drogas en todo el mundo.

El piloto privado que fue asesinado en el aeropuerto se llamaba Diego Ledesma, de nacionalidad salvadoreña, estos datos los obtuve al revisar los documentos que encontré en su cartera, además tomé una pequeña hoja de papel doblada en cuatro y la guardé, en ella había varios números telefónicos que seguramente me servirían en mis investigaciones futuras.

Diego, el piloto había sido derribado por una de las balas disparadas a quemarropa que le alcanzó el lado izquierdo del corazón. Estaba seguro que las balas asesinas del aeropuerto salieron del bastón de Josué el asesino, pero me sería muy difícil probarlo pues los agentes no lograron encontrar cartuchos vacíos, todo fue revisado y no había ninguna pista de otro tirador o rastro que uniera las evidencias que teníamos sobre la escena del crimen. El cartucho vacío es de mucha utilidad para los investigadores obtener información sobre el arma utilizada, es por esa razón que los asesinos profesionales dejan muy pocos rastros en las escenas de sus crímenes, un buen asesino tiene la astucia de estudiar los hábitos y rutina de su objetivo y cuando dispara se toma el trabajo de recoger los cartuchos vacíos para dificultar más el proceso a los Investigadores que le estén pisando los talones, es el juego del gato y el ratón.

Ahora tenía la certeza de que las mujeres de la casa misteriosa, investigadas por mi oficina estaban ligadas a este crimen, en mi poder estaba la grabación con las últimas palabras del piloto muerto en el aeropuerto, acusándolas directamente y diciendo que el vuelo de Costa Rica había tenido problemas, cosa que tenía que indagar.

A partir de ese momento mi tarea era averiguar con exactitud por qué motivo específico habían mandado a asesinar al piloto, cada paso que daba en esta investigación me conducía a otro camino más oscuro con inmensos problemas sin resolver. Pensé que sería bueno realizar un viaje a Costa Rica para así poder atar los cabos sueltos del crimen, seguramente realizado por las gemelas misteriosas.

La lógica indicaba que mis esfuerzos tenían que concentrarse en lo que pudiera decir el asesino del monte, Josué en el interrogatorio que le haría el FBI en sus oficinas, a donde fue llevado después del espectacular arresto que se le había hecho cerca a la parada del bus.

Lo tenían en uno de los pequeños cuartos que hay en el edificio del FBI para entrevistar a sospechosos de crímenes. El mundo se le estaba cayendo encima.

Entrar a la cárcel es muy fácil, pero salir es difícil porque se necesita gastar mucho dinero, especialmente en Estados Unidos, país en el que la justicia es muy cara y en donde el que no tiene dinero puede verse en grandes dificultades para salir de la cárcel, así sea inocente.

Eso no era problema para el asesino arrestado, tenía millones en paraísos fiscales como: Panamá, Suiza, República Dominicana y otros países en los que el sistema Bancario es vulnerable ante los sobornos y la corrupción existentes en el aparato judicial, condiciones fértiles para que el crimen organizado utilice su maquinaria, engrasada con la gran cantidad de dólares que posee en movimientos operacionales.

El asesino arrestado además de muchos dólares para su defensa, tenía otros puntos a su favor, sus conocimientos sobre la mafia del crimen organizado reforzados con la gran cantidad de información que poseía a raíz de todos los contratos que había realizado para asesinar.

Esa especie de base de datos la guardaba como su seguro de vida y cárcel por si la tenía que usar algún día. Cuando una persona vive situaciones que pueden cambiar el curso de su vida para siempre, tiende a interpretar cualquier acontecimiento, por más pequeño que sea como algo que estaba escrito en su recorrido por este mundo.

La vida se vive más intensamente cuando estamos atrapados como animales en una ratonera, en ese momento aprendemos la importancia de la libertad que es un fin o un medio para desarrollar nuestras fuerzas dentro de la sociedad.

La agente especial del FBI, Fátima Pulido, experta en contra interrogatorios sería la encargada del caso del peligroso asesino, que tenía orden de captura en todo el planeta, gracias a la policía Internacional, INTERPOL, agencia que se encargó de enviar las identificación de los criminales a los sistemas de información de los aeropuertos de las principales ciudades del mundo. El archivo que tenía la agencia federal fue puesto a disposición de su agente estrella, Fátima.

La mujer detective ingresó a la celda de seguridad donde Josué, el asesino del monte, o, El Ciego permanecía esposado de pies y manos a un gancho de acero incrustado en la pared al lado de un inodoro especialmente dispuesto allí para que los detenidos peligrosos pudieran hacer cualquier evacuación fisiológica sin ser llevados para el efecto a un cuarto de baño, en donde se podría correr el riesgo de una fuga.

Fátima Pulido desde el primer instante que estuvo frente al tenebroso asesino se convirtió en una especie de madre para él, ya que le dio la oportunidad de vivir otra vida. Una vez la agente se sentó delante del detenido éste le dijo:

-Delante de una mujer, nunca olvides a tu madre.

-Por cortesía recordaré su petición, mi nombre es Fátima Pulido, soy la agente encargada de su caso.

-¿Ante de seguir, no tiene ningún comentario a mi observación?

-El padre y el hijo son dos, la madre y el hijo son uno.

-Me gustan las mujeres inteligentes no solo las que tienen culo, tetas y una cara bonita.

-Ahórrese sus comentarios de callejones y piense en los años que pasara en prisión, si no es que le dan pena de muerte.

-Sabe, su visita es como un vaso de agua fresca en el desierto, hoy he tenido un día donde frente a mis ojos lo único que he visto han sido hombres horribles disfrazados, gritándome cosas que delante de una dama como usted sería incapaz de pronunciar.

-Creo que usted tiene un tremendo problema.

-Dicen los psicólogos que cuando se tiene un problema el primer paso es admitirlo.

-¿Quiere decirme que mató al piloto en el aeropuerto?

-No sé cuáles pruebas tiene para decir una cosa tan grave.

-Tengo suficiente tiempo para demostrar quién es usted y todos los asesinatos que ha cometido en su larga historia criminal.

-Ponga las cartas sobre la mesa que aquí pueden pasar tres cosas. Primero; demostrar lo que dice y ganar, segundo; que haya un empate en el juego y tercero; ganarle la partida completa por lo que yo le pueda ofrecer, y así ustedes ganen muchas partidas.

-¿Quiere decir que se declarará culpable y nos dará información a cambio de perdonarle la vida?

-¡Entiende muy mal agente Pulido!

¡Explíquese!

El sicario y la agente del FBI, estaban midiendo fuerza o dándose cada uno la oportunidad de ofrecer los avances de lo que podía ocurrir si el gobierno de Estados Unidos continuaba con su política de perdonar cualquier crimen si había suficiente información de parte del criminal.

-Comenzamos por mal camino, quiero un teléfono para llamar a mi abogado, cuando esté presente seguiremos hablando.

-No entiendo.

-Siga sin entender, pues por segunda vez estoy pidiendo un teléfono para llamar a mi abogado, y usted, con esa carita de modelo improvisada se hace la tonta.

-¡Váyase a la mierda!

-Siempre he entendido que quien envía a alguien a algún sitio es porque seguro ha estado presente de alguna forma en él.

La agente del FBI se dio cuenta que este hombre no era un hueso fácil de roer y salió del recinto con las facciones alteradas.

Los interrogadores del FBI seguían su ataque cuando minutos después entró en escena un agente con sonrisa de hombre satisfecho, de cabello canoso y 55 años de edad, el nuevo detective tomó las riendas del interrogatorio.

-Mi nombre es Bruno Taylor.

-¿Y?

-¿Te puedo ofrecer algo de tomar?

-Si tienes una botella de Coca Cola, te la agradezco, ¿sabías que esta bebida te da energía?

-Tienes suficiente azúcar.

-¿Por qué dice mentira para defender la política de tus jefes?

-No sé de qué habla.

-Esta bebida dicen que tiene cocaína.

-Es posible, hay varias versiones.

El agente Taylor asintió con un gesto y salió de la celda. Entró nuevamente con su sonrisa peculiar, dos vasos con hielo y una botella de Coca-Cola.

-Como el producto no estaba tan frío, me atreví a agregar un poco de hielo.

-Eso es ser inteligente.

-No sé qué pasó con la mujer o agente que estaba hablando con tu persona hace unos momentos.

-No entiendo.

-Salió de este cuarto muy disgustada.

-Puede ser que le haya llegado lo que le da a las mujeres cada 30 días. Jajajajajaja.

-Creo que nosotros la estamos pasando mejor.

-En algunas ocasiones las mujeres no saben hacer las cosas, yo en cambio estoy aquí para ayudarte, pues como sabrás con los cargos por asesinato que tenemos contra ti, con seguridad morirás en la silla eléctrica, pero puedo evitar eso si nos ayudamos mutuamente.

-Te diré algo agente Taylor: no quiero que me subestimes porque me sentiré enojado y te mandaré a la mierda.

-¿Porque tanta violencia?

-No me vengas con el jueguito del policía malo y el bueno, eso está muy gastado, y menos me digas que tú viniste a ayudarme, eso es puro juego de tu trabajo, el fin de ustedes es que me frían en la silla eléctrica. Por tercera vez pido que me presten un teléfono para llamar a mi abogado.

-No creo que un abogado te salve de cargos por asesinato en primer grado.

-Ese es mi problema.

-Nunca has estado presente cuando accionan la electricidad en la cámara de la muerte, te aseguro que tu rostro no tendrá bonito semblante.

-Por cuarta vez, quiero mi abogado. Deja que el juez escuche mi versión, y te pondrá el culo en esa silla por violar mis derechos.

El asesino sabía que si cometía el error de comenzar a hablar sin su abogado se complicaría con lo que pudiera contestar a los agentes que querían interrogarle.

Trajeron el teléfono, llamó a su abogado quien llegó en 30 minutos, pues en estos casos los abogados corren como vampiros cuando huelen sangre, saben que los delincuentes de carrera tienen buen caudal de dinero acumulado. En el cuarto de interrogatorios estarían la agente especial Fátima y el agente Taylor, encargados de la investigación del sospechoso de asesinato en primer grado. El abogado después de permanecer 15 minutos a solas con su cliente llamó a los agentes y dijo lo siguiente.

-Mi cliente quiere negociar.

Ante esa propuesta, la oficial Fátima tomó la palabra.

-Nosotros no estamos en posición de tomar la decisión de negociar nada con este asesino que no sea su declaración de culpabilidad.

-Dejémonos de tonterías y ganemos tiempo, mi cliente tiene mucho que darles si ustedes no tienen el poder de decisión busquen quien de ordenes reales en este agujero.

-No hay trato si no es su confesión de culpabilidad.

-Lo haremos a su modo, mi cliente tiene tiempo para esperar, nuestra oferta es la siguiente: Sabemos que los fiscales tienen interés en más de mil asesinatos que se cometieron y están sin resolver en el mundo, les diremos cuándo, quién y porqué de esos crímenes. Queremos negociar firmando para mi cliente un acuerdo que incluya entrar en el programa de protección a testigos, cuando el FBI esté interesado, aquí está mi tarjeta, de lo contrario nos iremos a juicio y si ganamos se quedarán sin nada.

Tan pronto el abogado terminó, Josué el sicario habló:

-Señores las cartas están echadas, pues lo que tengo que decirles acerca de algunos políticos y millonarios de América Latina los dejará sin dormir por muchos días.

El abogado intervino inmediatamente buscando que el asesino se callara inmediatamente.

-Mi cliente no tiene nada más que agregar y no permito que nadie hable con el sin mi presencia.

-Este si es un espectáculo que no me perdería por nada en el mundo. Si escucharon bien a mi abogado, los quiero lejos de mí.

El asesino sabia como manejaban los fiscales americanos este tipo de casos, los querían para darle una medalla por toda la información que el sujeto pudiera dar al gobierno de los Estados Unidos, donde sus agentes se llevarían el crédito por grandes arrestos e incautaciones millonarias de dinero.

El programa de protección a testigos

En el año 1929 las mafias Italianas tenían a los Estados Unidos en Estado de convulsión a causa del trabajo que desarrollaban las organizaciones criminales. Al Capone y Lucky Luciano, sus líderes principales, llenaron de sangre las calles de los más importantes Estados de la nación Americana.

En algunas ocasiones estos criminales se hacían llamar: "La mano negra".

Crearon lo que se denominó: *"El código del silencio."*

Consistía en un punto muy tomado en cuenta por los ciudadanos comunes. El que hablaba con la Policía sería liquidado. Ya para el año 1946 la situación estaba fuera de control para las autoridades, pues los criminales se limitaban a enviar mensajes a los diferentes destacamentos de una sociedad aterrorizada que guardaba silencio y entorpecía cualquier tipo de Investigaciones surgidas a raíz de los múltiples asesinatos y hechos delictivos perpetrados en las diferentes ciudades. La colaboración que recibían las autoridades por parte de la comunidad, era nula.

Para contrarrestar esta situación se quería organizar lo que las agencias llamaban, programa de seguridad de testigos, programa de reubicación de testigos, programa de protección a testigos. Todos estos nombres se debían a la pugna que siempre ha existido entre las diferentes agencias que combaten el crimen en Estados Unidos que nunca se ponen de acuerdo en su trabajo. Cada una de las agencias quería ponerle su nombre particular.

El Congreso de Estados Unidos advirtió que el país estaba tomando un rumbo muy peligroso, cuando un nuevo ingrediente aportado por las organizaciones criminales entró en escena con fuerza arrolladora, se trataba de una actividad excesivamente lucrativa:

El tráfico de drogas, como las metanfetaminas, cocaína y estimulantes, que tenía un importante y creciente mercado, a pesar de la oposición parcial de la vieja guardia, representada por los mafiosos tradicionales que no querían involucrarse en el nuevo negocio. Para probar lo que se tenía en marcha sobre la protección a testigo el gobierno americano ordeno uno de los primeros arrestos que se hicieron, del mafioso Pete Casella en el año 1959.

Casella fue sentenciado a 15 años de cárcel. Este hecho le dio razón a los antiguos capos que no querían incursionar en el tráfico de drogas, para las mafias ya el daño estaba hecho, las agencias federales habían dado la voz de alerta de que los italianos, además de sus negocios de extorsión, robo y asesinatos, estaban iniciando una nueva actividad ilícita dentro del crimen organizado.

El Procurador de la Nación, Robert Kennedy, se dedicó a reforzar e institucionalizar el programa de protección a testigos, con el objeto de usarlo como arma contra el crimen organizado. El Departamento de Justicia buscaba una forma de garantizar la seguridad de los testigos encontró en el procurador un aliado de mucho peso. El Programa se responsabilizaba de reubicar y cambiar la identidad de los testigos.

Este Programa contaba con aproximadamente $11.000.000 de dólares del presupuesto y 200 agentes, que tenían a su cargo proteger alrededor de 600 criminales de las peores calañas del bajo mundo, pero que se habían acogido a la protección del gobierno federal.

Dicho programa de protección a testigos cuenta con algunas restricciones que fueron puestas sobre la mesa en el acuerdo que hizo Josué con los fiscales de Miami, Florida.

Luego de los datos que el sicario apresado dijo que podría aportar a los servicios de seguridad de los Estados Unidos, en una reunión a puerta cerrada donde únicamente estuvieron presentes las autoridades que estaban tratando el caso y su abogado defensor quien tomando la iniciativa dijo:

-Nuestras peticiones son las siguientes: Primero, queremos una casa totalmente pagada con 10 hectáreas de terreno de patio. Segundo, que se le permita a mi cliente usar armas de fuego para su protección, de las que se encargará él en su vivienda. Tercero, un sueldo de por vida por la suma de $3.000 dólares mensuales. Cuarto, que estos acuerdos queden consignados por escrito.

El fiscal que estaba presente en la reunión en compañía de su asistente y algunos agentes del FBI, respondió:

-Señor abogado usted sabe el cuento de la vaquita.

-No

-Se lo contare si me lo permite.

-Adelante.

El fiscal se dio cuenta que el abogado estaba soñando sobre sus peticiones ante de hablar de lo que el sicario podía ofrecer ya que los americanos en ese sentido son como las prostitutas, hay que pagarle primero.

-El cuento me lo contaban cuando era niño sobre unos campesinos que pensaron comprar una vaca y antes de tenerla comenzaron a repartir la leche que produciría en todo el vecindario discutiendo cuantos litros le tocarían a cada vecino por el grado de amistad que existía entre ellos.

-No entiendo que tiene que ver su cuento con lo que estoy diciendo.

-Amigo usted está repartiendo la leche sin tener las vacas. Antes de hacer cualquier acuerdo quiero saber si de verdad nos interesa lo que nos vaya a decir su cliente.

El acusado que estaba muy atento a todo lo que allí se decía, decidió intervenir.

-La única forma de destruir esta fuerza criminal es dar la cara y hablar en contra de ellos.

-Esto quiere decir que estás dispuesto a testificar en la corte.

-Sí ustedes se comprometen a protegerme le señalo más de uno en plena corte.

-¿Tiene algo más que agregar?

El fiscal seguía atacando su posición de no dar nada por algo que no le interesara.

-Déjeme aclararle que sin testigo no puede haber juicio ni condena y sin protección no habrá testigo.

-Quiero algunos detalles.

Josué aprovecho para darle una probadita del gran bocado que sería sus declaraciones contra el crimen organizado internacional.

-Les diré donde hay 2.700 kilos de cocaína, les proporcionaré números de cuentas bancarias con más de $500.000.000 de dólares del cartel de Medellín. Como seguro les interesará saber quiénes son: Marcela y Viviana, las gemelas colombianas, y esclarecer más de 1.000 asesinatos sin resolver en los que están enredados políticos y grandes millonarios de toda América Latina, además presentaré pruebas en cada reporte que les dé, esta posición si no les interesa prepárense para un juicio que los dejara al descubierto, porque se tantas cosas de su agencia CIA, que lo dejará con un ataque de pánico cuando se publiquen mis declaraciones, si quieren saber si hablo en serio pregunten a la CIA, quien soy yo.

Nadie quería hablar, todos crearon un profundo silencio, sabían que el hombre estaba montado en su seguro de información y estaban conscientes que la política de doble moral de Estados Unidos abrazaría este criminal de carrera para darle un premio por ser un asesino de masas, el perdón por su información.

-Sobre el punto número dos no estamos de acuerdo, pues al Departamento de Justicia en lo que lleva este programa funcionando no le han matado el primer testigo bajo protección federal.

-Si los cuatro puntos de mi petición no son aprobados no hay trato.

Se apresuró a contestar el abogado con mucha propiedad.

-Tengo que consultar su petición con el Departamento de Estado en Washington, le daré repuesta por escrito en una semana, contesto el fiscal.

-Podemos esperarlo, por el momento no tenemos nada más que agregar.

El abogado de Josué sabía que si no obtenía un documento escrito por parte del fiscal, de allí derivarían perjuicios irreparables para su cliente, pues cuando no hay nada escrito con los federales las cosas quedan únicamente de su lado. Una semana después de aquella reunión, los agentes y el fiscal recibieron la aprobación de Washington a las peticiones del asesino. Convocando una nueva reunión, el fiscal puso sobre la mesa lo autorizado por las autoridades competentes.

-Esto fue lo que logré obtener con respecto a su propuesta. Nos encargaremos de todos sus gastos, no tendrá problemas de ningún tipo, es como comenzar una nueva vida.

-Nosotros pedimos un sueldo fijo de $3.000 dólares mensuales cosa que no veo en este documento.

Salió el abogado en defensa de su cliente.

-Eso se puede arreglar.

-Recuerde, quiero todo especificado por escrito en el convenio.

-No hay problemas, por otra parte tendremos algunos puntos que son de terminantemente prohibidos.

-¿Cuáles?

Contesto Josué que no quería retroceder en nada por darse cuenta que tenía a la fiscalía y al gobierno de Estados Unidos sobre las cuerda por su política equivocada de información por reducción de condena.

-El testigo jamás volverá a tener comunicación con sus familiares, no podrá hacer contactos con sus antiguos amigos, será enviado a un lugar no determinado y nadie sabrá cuál es su paradero, se le cambiará todos los documentos que posee, le daremos un tiempo breve para que elija un nombre, en ese momento se le tomarán las huellas digitales y tendrá una nueva acta de nacimiento y nueva identificación con su pasaporte, cualquier mensaje que usted quiera enviarle, señor abogado y también nosotros será a través de un sistema de seguridad controlado por el programa de protección a testigos; ninguna agencia federal conocerá su destino, se le darán los $3.000, dólares que pidió para su manutención durante toda su vida, se le entregara $9.000 dólares para comprar un auto de uso.

El fiscal hizo una pausa para coger impulso y dar la estocada final de su excelente trabajo según los criterios de los burócratas americanos en Washington.

-Para finalizar, si comete una infracción a lo establecido en este acuerdo se le cancelarán los pagos de manutención, y puede ser arrestado hasta que terminen todos los procesos que iniciaremos contra el crimen organizado cosa que podemos extender por mucho tiempo.

-Estamos de acuerdo, es un trato.

Dijo el abogado de Josué respirando con dificultad ya que sabía que sus honorarios serian bastante por haber librado de la cárcel a uno de lo más temidos asesino de la historia humana.

-¿Cómo se inició usted en este trabajo de sicario?

Continuó el fiscal dirigiéndose a Josué para rellenar su extenso reporte que haría a sus jefes.

-Nosotros los colombianos copiamos un poco del sistema de los italianos, cuando un novato quiere ingresar a formar parte de la mafia debe cometer un crimen para ser un hombre preparado.

-¿Si copiaron a los italianos por qué ustedes, la mafia colombiana, ataca a la familia?

-Una regla de la mafia italiana es no cometer actos de violencia delante de la familia, nosotros hacemos lo contrario, el narcotráfico no hace distinción entre inocentes o culpables, es capaz de aniquilar a cualquiera y se ensaña con los inocentes, pues así el culpable buscado sufre más.

-¿Usted cometió su primer crimen cuando entró en esta organización de sicarios?

-Así es. Para probar que era un hombre con cojones maté a mi primo hermano de un tiro en la cabeza, en ocasiones es difícil, era como estar entre la pesadilla y la realidad.

-¿Cómo ha hecho para soportar semejante tipo de trabajo?

Preguntó asombrado el fiscal que seguía en busca de una probadita de todo lo que tenía que declarar este hombre.

-Lo que para ustedes es un asesinato para mí es algo normal, mi trabajo es matar personas, la carnada siempre muere.

El gobierno americano acogió como informante al asesino del monte llamado Josué, protegiéndolo y perdonando todo sus pecados, horrendos y crueles ante los humanos y con seguridad frente al todo poderoso que una gran mayoría llaman Dios.

Hoy el sicario vive en alguna ciudad de los Estados Unidos premiado por cometer más de 1.000 asesinatos.

Esto es lo que llamo "La doble cara del narcotráfico"

Costa Rica, otro escenario criminal

La agencia del FBI, estaba demasiado ocupada para molestarla con el pago que tenían que hacerme por la recompensa que habíamos ganado, pues gracias a nuestras informaciones fue posible la captura de uno de los asesinos más buscados en Latinoamérica y el mundo.

Era prudente dejar un espacio de tiempo para efectuar nuestro cobro, pues los burócratas de Washington encargados del asunto de las recompensas ofrecidas por el gobierno Americano se toman un largo tiempo para desembolsar los pagos, no sé el porqué de esta situación pues ellos saben que muchas personas arriesgan sus vidas por suministrarles información y lo menos que podría hacer el Departamento de Estado es pagarles a tiempo.

No quiero decir que el gobierno federal no cumple con sus promesas de pago, lo hacen, pero se toman más de un año en hacer efectivo su ofrecimiento. En la declaración dada por el asesino al FBI sobre la muerte del piloto en el aeropuerto de Miami, dijo que únicamente le habían hecho el encargo de liquidar a un piloto llamado: Diego Ledesma, sobre el que después de estudiar su rutina diaria, terminó eligiendo el aeropuerto como el sitio ideal para liquidarlo por ser este el lugar que contaba con la ruta de escape más segura debido a la gran cantidad de gente que siempre se aglomera en los aeropuertos.

Josué antes de realizar un asesinato primero estudiaba la forma de escapar cosa que es costumbre en un buen profesional del gatillo. La información que estaba suministrando este asesino a los agentes federales era valiosa, porque con las evidencias obtenidas se harían innumerables arrestos en territorio americano y en otros países del área, donde tenía montadas sus operaciones el sicario atrapado.

Alex se dedicó a redactar un reporte completo de la investigación a nuestra clienta, la señora Vicky, informándole quién había asesinado a su esposo y el sitio donde los sicarios habían desmembrado los cuerpos de él y sus compañeros de trabajo. Le informó también a la viuda que un escuadrón de policías y algunos médicos forenses estaban en la tarea de recuperar las partes de los cuerpos juntando algunos cráneos y huesos para determinar a cuál de los desafortunados hombres pertenecían.

Los asesinados fueron tres hombres cuyos cuerpos descuartizaron los homicidas, lanzaron en lugares dispersos en los que abundan cocodrilos, serpientes, y algunas otras especies carnívoras que habitan en los lagos de La Florida.

Dado el estado de la investigación, era de esperarse de un momento a otro el arresto de las gemelas colombianas, para ello el FBI estaba terminando de recolectar las evidencias del caso. Por mi parte tenía la intención de viajar a San José de Costa Rica en busca de pistas que me aclararan la situación de otro de los asesinatos surgidos en el curso de la investigación; el de Diego Ledesma, el piloto asesinado a tiros dentro de un autobús frente al principal aeropuerto de Miami Florida en Estados Unidos.

El vuelo que tomé en una aerolínea americana desde Miami hacia Costa Rica duró dos horas cincuenta minutos para aterrizar en el aeropuerto principal de la capital Costarricense. Cuando salí del aeropuerto tomé un taxi y me dirigí al centro de la ciudad con el objeto de alojarme en el Marriott Hotel, acomodé mi pequeño equipaje en la habitación de mi hotel para dedicarme a conocer la ciudad en busca de un buen restaurante y probar qué especialidad culinaria tenían los habitantes de este país.

El taxista que me transportaba recorriendo las calles de este hermoso país, me recomendó un lugar situado sobre una loma, desde donde se puede ver toda la ciudad, allí la vista es muy placentera y de calidades estéticas, inigualables.

La comida “tica" es muy variada, no es muy condimentada, está constituida a base de arroz, frijoles, maíz, verduras, carne, pollo o pescado y suele servirse con tortillas de maíz.

En la mañana me dirigí a uno de los periódicos más importantes del país. Encontré a una simpática dama en la recepción del edificio y luego de identificarme como investigador privado le hice saber mi interés de tener acceso a los periódicos de tres meses de antigüedad, pues estaba tras la búsqueda de una noticia que eventualmente habría sido publicada en el diario y sobre la cual no tenía conocimiento.

Por la rareza de mi petición la amable empleada del diario decidió que lo mejor era llevarme ante el director, pues ella no pudo entender que anduviera detrás de una noticia que no supiera cuál era.

-¿Cómo está señor?

Salude efusivamente al director de aquel periódico.

-Por favor, tome asiento.

-Muchas gracias.

-Desde que llegó al lobby del edificio.

Comenzó el periodista director a decirme.

-Todos en este periódico, incluyéndome a mí, estamos intrigados de que esté buscando una noticia publicada por nuestro periódico sin tener certeza de cuál es, quisiera ayudarle pero si no sabe lo que busca creo que no le voy hacer perder su tiempo ni el nuestro.

-Es una buena observación.

-¿Cómo dijo que se llamaba?

-No he dicho tal cosa.

-Hace falta empezar por ahí.

-Mi nombre es Ángel Martínez, soy detective privado de Estados Unidos y quisiera ver sus periódicos de tres meses de antigüedad.

-Mucho gusto, Luis Fajardo: director y presidente de este periódico, creo que si me dice lo que busca le podríamos ayudar con efectividad.

Algunos ejecutivos de países pequeños tienen un ego desarrollado y hay que ser muy precavido para tratar con ellos ya que su creencia dentro de su diminuta mente es que son dioses del entorno y si no le damos ese lugar perderíamos un aliado de importancia en nuestro trabajo.

-Le hablaré sin rodeos, usted es un hombre muy ocupado y no quiero hacerle perder su valioso tiempo como me recordó cuando comenzamos hablando de mi llegada a su oficina, estoy haciendo una investigación para un cliente en Miami, Florida, Estados Unidos y las evidencias me trajeron a su país, un piloto hizo un viaje que salió mal, le dieron muerte frente del aeropuerto en Miami lo último que el difunto, llamado Diego Ledesma, de nacionalidad salvadoreña dijo antes de morir fue lo que oirá en esta grabación, es todo lo que tengo.

Saqué la grabadora que tenía en el bolsillo la accioné y se escuchó la voz mía y la del piloto agonizante.

-¿Quién le disparó?

-¡Fueron ellas!

-¿Quiénes son ellas?

-¡Las gemelas, quieren matarme!

-¿Por qué lo quieren matar?

-Soy piloto me estoy muriendo.

-¿Por qué lo quieren matar?

-Un, un, un, vuelo salió mal en, en, Costa Rica.

-¿Por qué salió mal el vuelo?

-La, la, finca, la finca, no era la finca.

-Llame a una ambulancia, que me estoy muriendo.

-Ya mandé a llamarla, pero si no me dice por qué le dispararon no podré ayudarlo.

Apagué el aparato, miré al incrédulo director del periódico que había agrandado con sorpresa los ojos, lo mire fijamente y dije:

-No soy adivino pero creo que está pensando, este hombre está medio loco al venir a mi país a investigar un asesinato que se ve claro es un ajuste de cuentas pendientes del narcotráfico.

-Si se dedicara a la profesión de adivino creo que no lo haría mal.

Respondió el periodista, convencido totalmente de que la profesión de brujo, adivino me caería perfectamente por mis dotes demostrado en su oficina.

-Estoy sobre la pista de una mafia organizada y quisiera su ayuda.

-Nada es por nada en esta vida, tengo un periodista que únicamente escribe sobre el narcotráfico quizás si lo pongo en contacto con el podríamos ayudarnos mutuamente.

-Ese hombre seria mi pareja perfecta.

-Lo haré llamar inmediatamente.

El director del periódico tomo el teléfono y llamo por un sistema interno de comunicación a su secretaria diciéndole:

-Localízame al loco.

Me quede intrigado del nombre que tenía el periodista que supuestamente me ayudaría con mi investigación y pregunte:

-Exactamente, ¿por qué le llaman el loco?

-Ha escrito algunos artículos en el periódico sobre el narcotráfico que solamente un loco sería capaz de hacerlo.

Acto seguido llamo la secretaria diciendo que no lo pudo localizar que seguiría intentándolo.

-¿En qué hotel está hospedado?

-Hotel Marriott, en el centro de la ciudad.

-Huuuyyyy, los investigadores privados viven bien.

-Es parte del trabajo.

Entendí que el director del periódico quería deshacerse de mí como diera lugar lo más rápido posible. Salí de la empresa periodística con solo una esperanza que el periodista encargado de escribir sobre temas de narcotráfico me ayudara pasando por el hotel donde me hospedaba. Lo que me preocupo era que quien sabes cuándo pasara o nunca lo haría porque no tenía ningún compromiso de hacerlo.

Tome algunas precauciones porque me pareció que alguien me seguía cuando deje las oficinas del periódico. En algunos casos este exceso de precauciones me ha salvado la vida, dedicándome en ese momento a recorrer la ciudad para despistar a cualquiera que estuvieras interesado en mis movimientos en este país.

Unas tres horas después de aquella caminata regrese al hotel pasando por el lobby para recoger algún recado o indagar si alguien había preguntado por mi persona.

-¿Tengo algún mensaje?

Pregunte a la recepcionista del hotel.

-Vino buscándolo un hombre pero me comunico que volvería.

-¿A qué hora dijo que regresaría?

-Únicamente dijo que volvería y se marchó.

-¿Qué tiempo hace que ese individuo pasó?

-Unos 15 minutos, aproximadamente.

-Gracias.

Me dirigí a mi habitación, cuando estuve frente a la puerta y fui a introducir la llave miré hacia el piso, encontrando un periódico pegado al quicio o ruedo de la puerta, pude observar que en ninguna de las otras puertas del quinto piso tenían periódicos, tomé el diario y entré a mi cuarto, abrí las cortinas de la habitación para que entrara suficiente claridad, me senté en la cama y comencé a hojear el periódico, en la tercera página había algo escrito con marcador amarillo:

-Son las 5:20 de la tarde, estaré en el bar del hotel, lo esperaré hasta las 6:30 para que mi jefe sepa que estuve aquí, cargaré los tragos a su habitación.

Tiré el periódico a una esquina de la habitación y salí rápidamente al pasillo del hotel, llegué a los elevadores, oprimí el botón con un puñetazo, tenía que aprovechar el tiempo en este país pues a lo que había venido estaba esperándome en el bar tomándose unos tragos a cuenta mía. No podía dejar que se marchara. Miré mi reloj, eran las 6:23 en siete minutos perdería mi contacto.

El ascensor no llegaba, giré hacia el fondo del pasillo en busca de las escaleras, llegué a la puerta y bajé los escalones saltando, dos espacios por movimiento, tratando de ganarle al tiempo para encontrar al personaje.

Llegué al lobby del hotel jadeando como un perro cuando ha corrido tras su presa y ya ve perdido su objetivo. El tiempo corre y no hay forma de pararlo, es uno de los comportamientos inexplicables de la naturaleza, de ahí que el gran pensador Goethe dijo: *"Cada momento es único"*

Tomé el pasillo del lobby dirigiéndome al recibidor para ganar tiempo y no andar adivinando dónde estaba el sitio que buscaba, pasé por delante de una fila de cubanos que estaban llegando a una competencia de boxeo y en ese momento se registraban, me paré frente a la recepcionista y le pregunté:

-¿Señorita me puede indicar cómo llego al bar del hotel?

-Un cubano con cara de cansancio me gritó. ¡Compañero espere su turno!

Me olvidé de mi cita, dejé a un lado la recepcionista y me dirigí al grupo de cubanos, comencé a aplaudir a todos los empleados del hotel y los cubanos recién llegados no entendían por qué mis aplausos, pla, pla, pla, pla, pla, pla.

-Estoy emocionado porque uno de ustedes, el compañero que habló, entiende que puede exigir sus derechos cuando se atropella, me gustaría que cuando lleguen de regreso a Cuba, si no es que se quedan todos, hagan lo que hizo ese hombre que exigió sus derechos, porque consideró que le estaban quitando su turno en la fila, ese es un buen comienzo.

Continúe con mi discurso para satisfacción de todos los presentes que se encontraban atentos a mis palabras.

-Cuando no les guste algo hablen, eso lo hará libres, porque en estos tiempos ustedes solamente son libres cuando salen de Cuba, les voy a pedir el favor que me dejen preguntarle a la recepcionista que me indique donde está el bar pues tengo una cita y como no tomo alcohol, siempre que llego a un hotel lo último que se me ocurre saber es dónde están los tragos.

El silencio reinó por unos segundos, todos me miraban como un extraterrestre, un guardia de seguridad del hotel que se acercó para averiguar el porqué de los aplausos se apresuró a contestarme la interrogante, estaba perdiendo preciosos minutos que necesitaba para llegar puntual a mi cita. El guardia tomó la delantera y llegamos al bar, había siete mesas, pero en ninguna de ellas estaba un hombre con el ánimo de esperar a alguien.

En la barra sentadas habían dos damas conversando con tono alto para llamar mi atención, las catalogué de trabajadoras del empleo más viejo del mundo, mujeres de mala vida, como decía mi padre cuando se refería a estas pobres mujeres que se ganan la vida entregando su cuerpo a desconocidos para que las manoseen y las usen a su discreción.

Recorrí todo el salón del bar sin poder distinguir a nadie que se pareciera al personaje de mi cita, deduje que el hombre era muy puntual y se había marchado, me acerqué al mostrador y le pregunté al barman que estaba arreglando unas cuentas.

-¿En estos últimos 10 minutos se ha marchado alguien de aquí?

-Sí, creo que debe de estar en su habitación es un huésped del hotel.

En ese momento se me fueron las esperanzas de hablar con el loco, con seguridad se había ido, pero recordé algo.

-¿Puede darme el nombre de ese cliente del hotel que dice se marchó no hace mucho rato?

El empleado me miro con cierta desconfianza, lo desarmé con una mirada de imploración, humildad y resignación.

-Déjeme chequear el ticket.

El empleado comenzó a ver los tickets que tenía regados en una gaveta del mostrador del bar, sacó uno y dijo:

-Aquí está.

-¿Cómo se llama el hombre?

Agregando a continuación para dejar complacido al empleado hotelero

-Es que una persona me esperaba.

-El señor que estuvo aquí es: Ángel Martínez.

Le sonreí y di las gracias, el hombre de mi cita había cumplido su promesa cargando el consumo de sus tragos a mi habitación, cuando me disponía a abandonar el recinto el sirviente me hizo una seña.

-Ese que está saliendo es el hombre que se ha marchado hace unos minutos.

Le di las gracias nuevamente y saqué un billete de $10.00 dólares y se lo puse enzima del mostrador.

-¿Para qué es esto?

-Es suyo, usted sabe, de propina.

El hombre me miró con asombro, pues si por contestarme una pregunta le daba $10.00 dólares, por atenderme sería algo grandioso.

Me dirigí al hombre que salía de los elevadores para hacer su ingreso al bar, lo deje caminar hasta que se estaba acomodando en una mesa de la esquina del lugar, donde se disponía a escribir en una libreta de apuntes que había sacado. Inmediatamente me le acerque le dije:

-¿Usted es periodista?

-Siéntese, que mi jefe ya me puso al tanto de sus propósitos.

-¿Cómo sabe que soy la persona indicada?

-Lo vi actuar en el frente del lobby con sus aplausos, de verdad me dejó impresionado.

-Es parte de lo que llevo dentro, no me gustan las dictaduras, nací para ser libre.

-¿Por eso eligió el trabajo que hace?

-¿Qué trabajo hago?

-Dejémonos de pendejadas soy el periodista que usted espera, dígame lo que quiere de mí y veremos si lo puedo ayudar.

Le eché el mismo cuento que le había narrado a su jefe, el director del periódico, el hombre escribía sin cesar no sé qué, pero mientras yo hablaba no paraba de escribir, eso era un buen punto a mi favor pues el loco se estaba interesando por todo lo que le decía, cuando creía haber terminado alzó la vista y preguntó:

-¿Qué más?

-Quisiera leer los periódicos de tres meses de antigüedad para ver si encuentro algo que me pueda conectar con algún hecho que haya pasado en este país y que tenga que ver con una finca o con narcotraficantes.

-Este es un trabajo difícil, porque todos los días salen noticias de narcotráfico.

-Nada es fácil en estos días, todos tenemos que sacrificar algo en la vida cuando perseguimos un objetivo, el mío es gastar tiempo y dinero buscando una aguja en un pajar.

-¿En busca de la aguja?

-No, tratando de encontrar a quien perdió la aguja.

-Lo espero en la redacción del periódico mañana a las 9:00 de la mañana, veremos qué sacamos de su visita a mi país.

Cuando fui a darle la mano para despedirme ya el hombre se había retirado de la mesa sin decir adiós, este sujeto era un loco de verdad, o tenía muy malos modales con sus semejantes, sin importarme para nada su actitud seguí adelante pues no vine a esta ciudad para que me trataran bien, mi propósito era sacar algo que me diera un poco de claridad de porqué habían asesinado al piloto salvadoreño: Diego Ledesma.

Me pasé el resto de la noche organizando las preguntas que le haría al periodista loco cuando lo viera al día siguiente. Los hoteles me fascinan, una de las cosas que transforma mi espíritu es cuando entro al restaurante para el desayuno, siempre como lo mismo, un plato de frutas variadas, dos tostadas con algunos trocitos de queso de los más exóticos que hayan, un jugo de naranja y un batido de papaya, lechosa o fruta bomba como en algunos países le llaman.

Este desayuno levanta hasta un muerto y me da todas las energías para pasar un día sin probar nada hasta que llegue la noche y busque un restaurante donde darle rienda suelta a mi paladar. Al día siguiente tomé un taxi y le di al conductor la dirección del periódico.

El taxista reacciono diciendo.

-Lo puedo llevar al periódico con los ojos cerrados.

-¿Lleva muchos turistas al periódico?

-Trabajé durante nueve años en el periódico.

-¿Usted es periodista?

-Algo mejor, tenía 100 puntos de ventas donde llevar el periódico todos los días, ese es un jodido trabajo más fuerte que ser periodista.

-Tiene toda la razón, una cosa que siempre me he preguntado; ¿qué hacen con los periódicos que no se venden?

-Hay que devolverlos al periódico en la mañana del día siguiente, el trabajo es doble.

-¿Por qué es doble el trabajo?

-La defensa es permitida, cuando trabajé con ellos, creé unas rutas que les daba el periódico a mitad de precio si me lo guardaban al día siguiente después de leerlo.

-No entiendo.

-Si usted paga por una semana de periódico $2.50 en dólares y alguien le dice que si guarda el periódico viejo ya leído y al otro día me lo deja frente a la casa le estoy dando la semana por un dólar, con seguridad que aceptará la oferta.

-¿Qué lograba con eso?

-Tenía un socio que me recibía al día siguiente todos los periódicos no vendidos y hacíamos un gran negocio, hasta que se dieron cuenta del truco y nos botaron como ladrones para la calle, jajajajajaja.

-Su historia me gustó.

-¿Usted sí es periodista?

-No.

-¿Cuál es su trabajo?

-Soy escritor

¡Mierda!, ¿escribirá mi historia?

-Es posible.

-Si escribe mi historia con seguridad todos la leerán, fue algo creativo, con imaginación y sabiduría. El hecho de robar los llevamos en la sangre, viene en nuestro cuerpo desde el descubrimiento ya que los colonizadores eran en su mayoría ladrones, declarados reos con la imposición de grandes condenas, fueron liberados para que acompañaran a los grandes navegantes que surcaron los mares en busca de tierras vírgenes.

Llegamos a las instalaciones del periódico a las 8:45 de la mañana, despedí a mi taxista ladrón, quien tenía un gran orgullo fuera de lo común por haber creado una forma de robar en un trabajo en el que consideró que no le pagaban lo justo. En el lobby del periódico pregunté por el loco.

-Salió hace cinco minutos.

-Tengo una cita con él.

-Si lo quiere encontrar vaya al colegio que está a cuatro cuadras de aquí, unos pistoleros abrieron fuego contra unos niños matando a uno de ellos y él está cubriendo esa noticia.

-Gracias.

Salí a toda prisa, cuando llegué a la calle pregunté a una señora que corría en dirección contraria.

-¿Me puede decir dónde está el colegio más cercano?

-Sígame que voy a buscar a mi hija, mataron a un niño a tiros.

La mujer dobló la esquina y pude darme cuenta que si no apuraba el paso me quedaría atrás, cuando llevábamos tres cuadras corriendo y caminando al mismo tiempo, apresuradamente, me sentía agotado pues no soy muy atlético, el ejercicio no es mi afición. Cuando se presentan oportunidades como ésta me quedo en el último puesto por la poca costumbre de ejercitar mi cuerpo.

Decidí dejar que la dama se fuera pues el cansancio era tan grande que el aire me hacía falta en los pulmones, me detuve a descansar unos segundos y tomar aire puro para reanudar más sosegado la interminable caminata hacia la dirección que todos corrían en busca de sus hijos.

A media cuadra del lugar pude ver una gran cantidad de personas corriendo, varias ambulancias y policías con armas en las manos dispuestos a usarlas contra cualquier cosa que ellos consideraran peligrosa. Llegué al lugar, me acerqué a un policía que lucía tranquilo, aunque atento, ante lo que había sucedido en el sitio del siniestro.

-¿Agente, qué es lo que pasa?

-Dos hombres que se detuvieron frente al colegio fueron directamente a un grupo de niños, eligieron a uno de ellos y le hicieron tres disparos en la cabeza matándolo instantáneamente.

-¡Dios mío, qué salvajismo es ese!

-Parece que este es un ajuste de cuentas de los narcotraficantes.

-¿Cómo pueden suceder cosas así?

-Eso es poca cosa Señor, para las atrocidades que hacen estos bandoleros.

Seguí caminando a empujones entre la gran cantidad de padres que querían entrar en busca de sus hijos, impidiendo el paso los policías que estaban protegiendo la escena del crimen. Lejos pude ver a mi amigo periodista, haciendo preguntas a quienes supuse eran profesores, seguí avanzando hasta que llegué a la puerta del edificio escolar, un policía con cara de mala gente me impidió el paso.

-No puede pasar.

Saqué mis credenciales de investigador privado y se la puse encima de su cara redonda, el hombre entorno sus saltones ojos sin decir palabras, se dejó sorprender por la experiencia de un investigador que jamás debió estar en aquella escena.

-¿Tú crees que no puedo pasar?

Se la quité sin darle oportunidad que leyera qué decía la chapa dorada que me identificaba como detective investigador, el pobre quedó impresionado, cubriendo su actitud, dándome paso libre.

-¡Abran paso al oficial!, por aquí señor.

Pasé la puerta del establecimiento escolar y rápidamente me dirigí al lado contrario de donde estaba mi amigo el periodista loco, saqué una libreta y comencé hacer preguntas, cuando los entrevistados se ponían reacios sacaba mi chapa y los dejaba fríos, ya tenía cuatro páginas llenas de apuntes, cuando sentí una mano en mi hombro que me sacudió con fuerza.

-¿Qué mierda hace aquí y como entro?

Preguntó el loco.

-¿Me hace dos preguntas y quiere que las conteste sin darme tiempo a pensar?

Mi propósito era ganar tiempo, pues este hombre me estaba subestimando y tenía que ser cortés para no herir su ego.

-Quiero que salga de aquí y me espere en la oficina.

-Pensé que podía ayudar en su trabajo, tengo bastantes datos escritos en estas páginas.

-Sé hacer mi trabajo y no me gustan las interrupciones.

-Cuando el capitán de la policía llegó, pude hacerle más de 10 preguntas, además me dio su tarjeta.

-¡Mierda este hombre es peligroso!

El loco trato de arrebatarme la tarjeta de presentación que me había regalado el jefe policial, retirándome inmediatamente de su presencia para agregar inmediatamente.

-Tengo una cita mañana a las 11:00 de la mañana en las oficinas del destacamento de policía, si quiere me puede acompañar, lo espero en el periódico.

Hice intenciones de salir de aquel lugar con el loco periodista detrás de mi persona ya que se dio cuenta la importancia de ser mi aliado.

-Espere, no tome mal mi actitud, es que no sé cómo entró, pues cuando hay tiroteos los policías se ponen muy nerviosos.

-No le quitaré más tiempo, lo espero en la oficina.

-Me voy con usted, pues aquí no hay mucho que hacer.

El loco periodista se dio cuenta que yo tenía material para su escrito. Además al día siguiente iría a la oficina de la policía y con seguridad no se quería perder la exclusiva de entrevistar al jefe, oportunidad que no tendría otro periodista por el momento.

-El capitán me dijo que él está seguro que esto es un ajuste de cuentas del narcotráfico, porque a principio de mes mataron a una hermana del padre de este niño, dos tipos que iban en moto, uno de ellos se desmontó y le dio tres tiros en la cabeza.

-Eso está muy bueno, ¿qué más le dijo?

Saqué mi grabador del bolsillo de la camisa, oprimí un botón, tomé la pequeña cinta y se la pasé al periodista.

-Aquí encontrará todo, las preguntas y respuestas.

-Usted sí es un profesional, quiero que trabajemos juntos mientras esté en mi país, vamos al periódico que tengo que escribir un buen artículo sobre estos ajustes de cuentas.

Tenía al loco en mis manos, ahora me tocaba trabajar en mi investigación, buscar la conexión del piloto Diego, con alguna finca en Costa Rica. Al día siguiente salió publicado un reportaje en la primera plana del periódico local, tratando el tema de los tiroteos contra la familia Silverio.

El Loco, periodista fue felicitado por el excelente trabajo y fuimos a la entrevista que me había concedido el jefe de la policía, durante la cual el Loco hizo preguntas sobre otros casos que estaba Investigando para enriquecer sus historias. Me gané la confianza del periódico por la sinceridad del Loco cuando le dijo a su jefe que quien había conseguido la entrevista con el jefe de la policía había sido yo.

Me pasé dos semanas leyendo periódicos viejos hasta que por fin llegó la noticia que me despejó el camino para descubrir el misterio de la muerte del piloto asesinado en Miami. El Loco se acercó a la oficina en donde diariamente yo leía periódicos y noticias viejas para decirme:

-Suena una noticia en la ciudad sobre el asesinato del hijo del señor Pedro Silverio, y con esta muerte son tres en un mes.

Una llamada a la casa de don Pedro Silverio dejó a la familia destrozada, su hijo julio Silverio había sido abatido a balazos en España donde hacía un postgrado en derecho penal. La noticia corrió como pólvora en Costa Rica pues don Pedro Silverio era un ganadero de mucho prestigio, dueño de grandes extensiones de tierra y también criador de ganado de carne para la venta al mercado nacional e internacional.

Pedro Silverio ganadero que se había ganado la confianza de la comunidad en las afueras de San José, la capital de Costa Rica, criando ganado estaba destrozado. Su riqueza había salido de la agricultura. El ganadero tenía dos hijos, uno de 25 años, abogado, llamado julio Silverio y Enrique Silverio de nueve años.

El hombre estaba casado con Enriqueta Suárez, mujer muy hermosa y querida en toda la comarca. Las investigaciones que comenzamos a hacer el periodista y yo arrojaron los siguientes resultados:

-¿Cómo es posible que en menos de un mes murieran asesinadas tres personas de una misma familia?

Los muertos eran: la hermana del señor Pedro Silverio, asesinada por dos hombres que le dispararon a la cabeza siete tiros, hechos desde una motocicleta en marcha. El niño de nueve años, hijo del señor Pedro Silverio asesinado por dos hombres que entraron al patio de la escuela asesinando al menor para después huir en una moto. El abogado, hijo del señor Pedro Silverio asesinado en España, por sicarios que lo acribillaron a tiros, frente a la Universidad donde estudiaba.

José Luis Acosta era el verdadero nombre del loco periodista, le propuse que fuéramos a la finca del señor Pedro Silverio, me discutió que era imposible entrar a esa casa, pues habían policías por todos lados, le dije que si no me acompañaba lo intentaría solo.

Creo que él disfrutaba cuando le decían el loco pues era un escudo para que los jefes mafiosos de Costa Rica no lo agredieran, como toda la ciudad lo tildaba de loco así tomarían lo que escribía, aunque dijera la verdad sus escritos venían de un loco. En mi sondeo en la comunidad de la capital costarricense pude darme cuenta que el público esperaba con ansia los artículos del periodista que se publicaban todos los día en el periódico de mayor circulación del país.

Decidí visitar el destacamento policial, pues le había prometido unos de mis libros al jefe de la policía, que me había tratado con mucho respeto y cortesía cuando supo que yo me dedicaba a investigar y escribir sobre el narcotráfico. En la policía de Costa Rica nos recibieron con honores y nos hicieron pasar donde el jefe en menos de 10 minutos, lo que impresionó al loco, llegando a creer que yo tenía conexiones en el consulado americano quienes le habían dado órdenes al hombre fuerte de la autoridades para que me diera un trato especial.

Después de regalar 20 libros, aproveché la ocasión para pedirle al comandante que me permitiera entrar a la finca del señor Pedro Silverio con el propósito de conseguir algo que conectara con estos asesinatos o lo que había acontecido en Miami, Florida, Estados Unidos. El jefe de la policía me asignó un jeep de la institución con dos uniformados para que me dejaran pasar los agentes de servicio que tenía en la finca del señor, Pedro como protección para su familia. Llegamos a la casa del hacendado, quien nos recibió con mucha amabilidad aunque se le notaba la tragedia en su rostro, pero al ser un hombre de campo se presentaba fuerte como un roble, aunque el mundo alrededor de él estuviera cayéndose a pedazos.

Después de identificarme con su causa, le dije que sentía mucho lo que estaba pasando, le solicité permiso para dar una vuelta a caballo por su finca, me miró con desconfianza y dijo:

-¿Usted quiere hablar a solas conmigo?

-Es un hombre muy sabio y no puedo engañarlo, tengo algo que quiero que escuche.

Mandó a ensillar dos caballos y me entregó un par de espuelas para que fuera a tono con el uso habitual de la indumentaria, cuando usted monta un animal. Después de estar encima de la bestia partimos frente a la mirada sorprendida de todos los presentes. Luego de haber recorrido un buen trecho comenzamos a entrar en la maleza, mis palabras rompieron el silencio reinante en aquella selva:

-Presencié la muerte del piloto que dejó caer la droga por equivocación en su tierra.

-No sé de qué me habla.

En ese momento le puse la cinta de la conversación mía con Diego, el piloto salvadoreño, antes de morir frente del aeropuerto de Miami.

Noté a don Pedro lejano pero atento a cada palabra que salía de la grabadora, cuando terminó la cinta le dije:

-Si no quiere hablar del tema, lo entiendo, usted es dueño de su vida.

Después de mi comentario continuamos cabalgando unos cuantos minutos en silencio, como dos viejos amigos. Sin que el señor Silverio se diera cuenta le cambié la cinta a la grabadora poniéndole una nueva, guardando la del piloto en el bolsillo. Oprimí el botón de grabar justo en el momento en que don Pedro comenzó su conversación:

-Hace un mes recibí la llamada de una mujer que me contó la historia de cómo habían asesinado a unos niños en New York y dos personas en Miami Florida, además agregó que mi hijo el abogado que estaba en España y yo, le debíamos 200 kilos de cocaína que en el mercado de Estados Unidos serían vendidos a $20.000 dólares por kilo, la dama me hizo cuentas de la suma de $4.000.000 de dólares y me dijo que se los debíamos.

La conversación fue espontánea y sincera entre ambos jinetes los que cabalgaban como viejos amigos dentro de la finca de uno de ellos que se convertía en anfitrión del evento.

-¿La llamada fue hecha desde el extranjero?

Indague para documentar el comentario del hombre adolorido por los acontecimientos recientes.

-Creo que sí, no puse atención a ese detalle, pero se escuchaba un eco que ocurre cuando la llamada no es local.

-¿Cómo dijo ella que mataron las personas en el extranjero?

-Dijo que un piloto por error había lanzado unos paquetes en mi finca y que mi hijo se los había robado.

-¿Cómo llegaron a esa conclusión?

-La mujer continuó diciendo que enviaron a unos empleados de ella a la ciudad, estos en poco tiempo tuvieron respuesta a sus preguntas sobre movimientos irregulares de cocaína en el mercado local de Costa Rica. Una dama en la ciudad le había ofrecido 200 kilos de cocaína a un amigote de la señora que estaba al teléfono.

-¿Cómo se llama el amigo de la mujer que llamó?

-Néstor Echeverri.

-¿Sabe quién es?

-Averigüé que es un mafioso que trabaja dentro de ese mundo y fui a su casa, él me confirmó que la puta esa le había ofrecido la mercancía, cuando me retiraba de su vivienda me dijo en voz alta:

"¡En el narcotráfico no se permite el fracaso, por eso es un negocio de muerte, desgracia, traición y malas noticias, usted pagará lo que su hijo robó!"

-Todos los hombres que trabajaban para la mujer de la llamada buscaban a Nereida quien supuestamente tenia droga a buen precio, pero esta desapareció del país, ellos averiguaron que el esposo de ella había estado en su casa de Costa Rica hacía unos días, este hombre vivía en New York. Ataron cabos y enviaron un asesino a Queens, New York. Donde vivía el esposo de Nereida.

-¿Quién es esta mujer Nereida?

-Es una amante de mi hijo, con la que se hizo el negocio de la droga encontrada, luego le hablo de ella.

-Ese hombre, el asesino, está arrestado y confesó ese crimen en Estados Unidos, siga su relato para comparar lo que el asesino dijo a los agentes y lo que esa mujer de las llamadas amenazantes le dijo a usted.

-La mujer de la llamada fue muy detallista conmigo, con esto lograba meterme miedo para que le pagara su dinero, ella siguió relatándome que el asesino se presentó a la vivienda con un hombre negro y encontraron dos niñas que estaban de visita en la vivienda junto a su abuelo de 63 años, comenzaron a hacerle preguntas a todos y no conseguían nada sobre el paradero de Nereida y su esposo.

El asesino tomó a la mayor de las jovencitas que tenía 16 años y se la entregó al negro para que la violara delante del abuelo y su otra hermana de 14 años. Le hacían preguntas sobre el paradero de Nereida y su esposo, cuando consideraron que ya no sabía nada más, el asesino que portaba una pistola con silenciador le dijo al negro que si quería la otra niña, el sádico la agarró por la hermosa cabellera de su pelo negro, la arrastró hacia uno de los sofás de cuero. La niña lloraba con toda su fuerza pero no podía luchar con semejante monstruo de 6 pies con una dosis excesiva de cocaína en su cuerpo.

El hombre tomó la criatura entre sus brazos, le besó su hermosa boca virgen, siguió bajando con su boca de dientes cariados acariciándole los pequeños pechitos que comenzaban a salir como flor brotando de sus pétalos que ya insinuaban unos delicados pezones.

La jovencita luchaba como podía entre gritos y pataleos moviendo sus piernas sin tener oportunidad de zafarse de las garras de su atacante, el hombre la tiró con tanta brusquedad en el sofá que la niña fue sacudida cuando su cadera se rompió al estrellarse, por el fuerte dolor perdió el conocimiento y esta oportunidad la aprovechó el agresor para abrirle sus piernas y penetrarla hasta saciar su sed sexual.

-Cuando esto pasaba el abuelo no pudo más y habló, dijo dónde estaban Nereida y su esposo, acto seguido después de tener toda la información, el asesino les disparó a corta distancia en medio de la frente a cada uno, incluyendo al negro que contrató para que ayudara en la misión. La niña violada que yacía con su columna rota, inconsciente en el sofá de la sala, recibió un disparo de entrada y salida en la parte baja de su mandíbula lo que le permitió vivir.

-Si quiere puede leer esa misma declaración, la tengo escrita en estas hojas..

Le aclaré a don Pedro para confirmarle que lo que me estaba contando estaba confirmado por el sádico asesino a sueldo Josué, sacando unas hojas sueltas del bolsillo.

-Le estoy contando exactamente lo que esa mujer me decía en su conversación.

-Continúe, todo es tal usted lo describe.

-El asesino se trasladó a Miami donde Nereida y su esposo disfrutaban de una hermosa luna de miel en su nueva casa de $300.000 dólares, comprada a un corredor de bienes raíces que la puso a nombre de ellos usando para esta transacción una cantidad de papeles falsos con el objeto de que la compra fuera registrada legalmente.

-¿Cómo entra el asesino a la casa?

-Para entrar a la residencia, el criminal se valió de una compañía de fumigación a la que llamó para que hiciera una limpieza de insectos en la dirección de la casa de Nereida y su esposo. Cuando los dos empleados llegaron al frente de la casa fueron encañonados por el asesino de la mafia colombiana dueña de la droga, que según ellos mi hijo había robado, cosa que en ese momento no se sabía, pues la única sospechosa que tenían era Nereida y el esposo de esta.

-Cuando los empleados de la fumigación fueron dominados por el experto de la mafia, este les disparó causándoles la muerte y ocultó sus cuerpos dentro de la camioneta van, en la que estaban los utensilios de fumigación.

El hombre dueño de aquella finca, no paraba de hablar quería además de informarme desahogarse con toda esta historia que con seguridad le oprimía el pecho por no poder contársela a nadie.

-Estos dos hombres que se ganaban la vida por un sueldo de $300.00 dólares a la semana fueron asesinados, dejando a sus esposas viudas y los hijos huérfanos por la culpa de este maldito negocio.

-Lo más espectacular del caso es que este asesino fue premiado por cometer todos esos crímenes y hoy está protegido por el gobierno de Estados Unidos.

Dije interrumpiendo al Señor Silverio quien puso una cara de disgusto por la acción del imperio de la época (Estados Unidos) cuando premia a los criminales que tengan un historial interesante dentro del bajo mundo.

-Eso es tener doble cara, ellos dicen ser los guardianes del mundo por un lado y por otra parte tienen una doble moral.

-Continúe señor Silverio porque si nos ponemos a ver como manejan en Washington la política contra el crimen organizado mundial encontraríamos una mafia peor que la que está matando nuestros hijos.

Dije aquellas palabras para que el Señor Silverio se diera cuenta que yo estaba con la verdad, teniendo muy claro cuáles eran los principios por lo que había que luchar en esta guerra que estábamos perdiendo. El continúo sus comentarios sobre lo sucedido a la amante de su hijo.

-El asesino después de asesinar a los empleados de la compañía de fumigación le quitó el uniforme a uno de los empleados y se dirigió a la entrada de la vivienda donde estaban Nereida y su esposo, al llegar allí una empleada del servicio le abrió la puerta, la pobre mujer lo dejó pasar diciéndole que sus patrones estaban en la habitación durmiendo y que únicamente fumigara la cocina y las habitaciones vacías porque los señores se despertaban tarde.

-El asesino sacó su pistola, apuntó a la empleada haciéndole señas de que se callara, ella obedeció. Luego fue llevada a la cocina donde en silencio le suplicaba al hombre que por favor no la matara. Pero el asesino puso la pistola detrás de la oreja derecha de la mujer y apretó el gatillo, ¡plo!, un sonido seco y apagado se escuchó y el hombre se hizo dueño de la casa en ese momento, la empleada del servicio nunca se enteró de porqué moría. El asesino se preparó para el acto final de su trabajo cotidiano.

-Entró a la habitación en la que Nereida se encontraba desnuda al lado de su esposo, que dormía como un niño, sin saber que el destino ya había preparado para él lo que le pasaría en sus últimos minutos en el planeta tierra. El sicario le propinó un tiro en mitad del pecho que lo atravesó de lado a lado, y lo remató con el segundo balazo que le dio en el medio de los ojos que se cerraron tan pronto se abrieron para quedar definitivamente muerto, Nereida quiso gritar pero era tarde, el asesino la tomó por el cabello para interrogarla.

-Nereida le entregó $350.000 dólares que le quedaban y le contó todo sobre el negocio que le propuso mi hijo, el que siempre tuvo una relación con esta mujer fuera de su matrimonio, lo que llaman un cuerno pegado con consentimiento del marido que era un bueno para nada.

-La tortura que le hicieron a la mujer consistió en cortarle los dedos de los pies con un cuchillo de la cocina.

Sacándole toda la información sobre el acuerdo que mi hijo había hecho con ella y sus amigos cuando le entregaron la droga encontrada, después que el asesino consideró que ella no sabía nada más, le disparó en mitad de los ojos dejando un baño de sangre en la hermosa casa.

-¿Qué historia le contó esa mujer sobre su hijo?

Le dije al hombre que recorría su finca con mi persona para quitarle un poco de dramatismo que estaba llevando la conversación.

-La mujer que llamó para ponerme al tanto de esta situación me recomendó que me comunicara con mi hijo en España para que comprobara que la historia era cierta, me cortó la llamada y acto seguido llamé a mi hijo.

Los caballos que montábamos galopaban muy lentamente por el sendero internándose cada vez más en el monte, la vegetación era tan espesa que en un momento pensé que el camino se terminaba, el dueño de aquellos terrenos siguió detallándome la conversación que tuvo con su hijo desde España.

-Hijo mío, recibí una llamada de unos delincuentes cobrándome 200 kilos de cocaína que tú y tus amigos les robaron, esto es algo muy serio y quiero que me digas toda la verdad de lo que sucede con este asunto.

-No entiendo de qué hablas padre.

-Comenzamos mal, pero te daré una pista, tu amiga de cama, Nereida, fue asesinada en Miami junto a su esposo por un asesino que de seguro enviarán tras de ti y tus amigos.

-¡Mierda!

-Esto es más serio de lo que te puedes imaginar, quiero que me cuentes toda la verdad.

-Padre, cuando mis amigos y yo montábamos a caballo por la finca en nuestras vacaciones, vimos que un avión que volaba a baja altura dando vueltas por encima de nosotros en tus terrenos. En la tercera vuelta, soltó dos paquetes grandes que contenían 100 kilos de cocaína cada uno, envueltos en un plástico, después de esto desapareció la aeronave, tomamos los paquetes y se lo entregamos a Nereida, ella lo único que nos dio fue $50.000 dólares a cada uno.

-Estamos metidos en un gran problema hijo, esa gente quiere $4.000.000 de dólares por esa mercancía.

-Hablaré con mis amigos para que devuelvan el dinero.

-No hagas nada, déjame ver cómo resuelvo esto.

-¿Usted le cree a su hijo?

Le comente al hombre buscando la confianza que había entre su hijo y el.

-Si, le creo totalmente. El trató de tranquilizarme pero sabe que con la mafia del narcotráfico no se juega, son personas despiadadas que tienen empleados que hacen el trabajo que muy pocas personas serían capaces de ni siquiera imaginar.

-¿Qué pasó después?

-Una llamada llegó al día siguiente, ya el tono era mucho más definido. *"Su hijo, el abogado que está en España, nos robó $4.000.000 de dólares, tiene 48 para que nos haga una oferta de pago"*

-Siguieron llamándome hasta el día de la muerte de mi hermana. *"Lo estoy llamando para recordarle el acuerdo que tenemos, y para mostrarle que estamos hablando en serio acabamos de asesinar a su hermana, llame a su casa y lo comprobará, lo llamo mañana, que tenga buen día"*

-Continuaron presionando y mataron a mi niño de nueve años en su escuela.

-¡Esta gente es despiadada, Dios mío qué salvajismo!

-No importa a quien tenían que matar ellos solo querían su dinero, mientras no lo tuvieran seguirían matando, eso me dijeron.

-Estuve en el lugar de ese infanticidio unos minutos después de haberse perpetrado aquel acto abominable.

Le dije a mi interlocutor para que entendiera que estaba muy apenado con su situación.

-No me importa nada. Seguramente usted estará enterado de las últimas noticias, mataron a mi hijo en España y siguen presionando.

-¿Cuál será su siguiente paso?

-En estos momentos no sé qué hacer ni en quién confiar, le conté todo esto para desahogarme y por si le sirve de algo en su investigación para que estos criminales paguen sus penas en la cárcel.

-Estoy como usted, no sé en quién creer con la doble cara que tienen quienes combaten este mal llamado narcotráfico.

Cuando creyó que terminaba, me miró fijamente jaló la rienda de su corcel poniendo los dos caballos frente a frente y me dijo:

-Soy un hombre muy fuerte, al que ni la naturaleza ha podido derrotar, pero esto me venció.

-Don Pedro si en algo lo puedo ayudar quisiera que en estos momentos me lo pida.

-Cuando muera, hecho que seguramente me sucederá primero a mí que a usted, rece un padre nuestro por mi alma, que no sé dónde irá a partir desde este momento.

-Espero que no sea así, pero si sucede puede estar seguro que lo haré.

Creo que él sabía que lo estaba grabando porque cuando nos despedimos me dijo con tono casi cariñoso.

-Puedes hacer lo que quieras cuando termine todo esto.

-Así será don Pedro.

Estaba seguro que sería la última vez que vería a este hombre con vida, son aquellos presentimientos que en ocasiones tengo y sabiendo que el narcotráfico no perdona estaba seguro de lo que sentía en lo más profundo de mis sentimientos.

Regresamos en silencio, nos desmontamos de los animales, don Pedro lleno de interrogantes y yo con el trasero todo pelado pues tenía muchos años que no montaba a caballo. Por las ampollas que tenía mi trasero, estaba como para caminar en cuatro patas pero no quería demostrar debilidad ante semejante estirpe de hombre de acero que me infundía el valor de un guerrero que está a la vuelta de su última batalla con el destino que le toco vivir en esta tierra de seres humanos que no puedo entender en algunas ocasiones como la que en estos días estaba viviendo.

Me despedí de don Pedro destrozado por el daño irreparable que le habían hecho a sus seres más queridos. Ya en el hotel el periodista y yo escuchamos la cinta de la historia de sus desgracias narrada por el ganadero, sacamos una copia de la grabación y se la dejé al loco pues al día siguiente viajaría a Miami para elaborar un informe y dárselo al FBI que era la agencia federal que llevaba este caso criminal.

Al día siguiente después de despedirme del director del periódico y de mi amigo periodista, el Loco, salí del hotel en taxi para el aeropuerto. Estaba sentado esperando que llegara el avión que me llevaría de regreso a Miami. Cuando el aparato aterrizó y comenzaron a descender los pasajeros, vi salir a una mujer que se me hizo parecida a una de las gemelas colombianas, salí disparado como un resorte detrás de ella, aceleré el paso casi corriendo. Cuando estuve cerca de ella dos hombres la saludaron, salieron a la calle y la recogió un chofer a bordo de un auto Mercedes negro, le tomé la chapa de tránsito y me subí a un taxi.

-Siga ese Mercedes negro, si no lo pierde le doy $200.00 dólares.

-Ese dinero me completa el mes, le garantizo que ese desgraciado auto no se nos perderá.

-Debes de ser precavido porque tampoco quiero que se den cuenta que estamos detrás de ellos.

-No se preocupe amigo que siempre me ha gustado eso de ser medio detective.

-¡Demuestre su experiencia y siga ese maldito auto!

Un poco contrariado por el último acontecimiento cuando le conteste al taxista mecánicamente solo pensando que estaba haciendo siguiendo esta mujer. Llegamos al mismo hotel de donde hacía dos horas me había marchado, le di el dinero al taxista que se pasaba la lengua por los labios saboreando su buena suerte y me dispuse a llegar primero que ellos al mostrador donde estaba la joven que me había chequeado la habitación cuando liquidé la cuenta para marcharme del hotel.

-Señorita quiero que me dé la misma habitación que tenía pues mi vuelo sale mañana y no me fijé bien en el día de salida en el ticket.

-Estamos muy llenos, deje ver qué puedo hacer.
Respondió la recepcionista que en ese momento llegaba su oportunidad de vengarse todas las humillaciones que le hacemos pasar los viajeros a los empleados de hotel cuando no lo tratamos con el respeto y la cortesía que ellos se merecen.

-Si me hace ese favor, Dios se lo multiplicará y tendrá un frasco del mismo perfume que lleva puesto.

-No tiene que regalarme nada, es mi trabajo.

-¿Nunca le han dado una propina por su buena labor?

-Usted está ofreciendo muchas cosas sin saber cuál es mi perfume favorito.

-Le traeré un frasco del que tiene puesto.

-¿Cuál tengo puesto?

Preguntó desafiante la empleada del hotel.

- "Romance" de Ralph Lauren.

-Huuuuuuuyyy.

-Nunca subestime al enemigo señorita es una lección gratis.

-Usted es un hombre conocedor, culto y muy peligroso señor Martínez.

-Gracias.

-No tengo disponible la misma habitación que tenía, pero como es un solo día lo acomodaré en una suite por el mismo precio.

-Que Dios me la bendiga y le dé un hombre como yo.

-Verdad que usted es una especie rara, jajajaja.

-Solo trato de hacer mi trabajo.

-Gracias. ¿Llamo a un joven para que le ayude con el equipaje?

-No gracias.

Tomé la llave de mi nueva suite dejando a la joven babeando de emoción y salí para la tienda del hotel a comprar el perfume que le había prometido por las finas atenciones recibidas, además tenía que comprar algunas cosas para poder pasar la noche ya que mi equipaje estaba adentro de un avión rumbo a Miami, o lo habían sacado de la bodega del avión, como es costumbre cuando una persona no viaja.

Llamé a mi amigo periodista y le comuniqué lo que pasaba, me recogió en la puerta del hotel 30 minutos más tarde. El auto en que se había ido la gemela colombiana era Mercedes negro pues ellas, al parecer, tenían debilidad por esos automóviles, en Miami tenían dos muy parecidos. Le di el número de la chapa del automóvil a mi amigo jefe de la policía al que llamé para informarle sobre el nuevo acontecimiento, me respondió que en 15 minutos me diría a quien pertenecía ese vehículo.

El dueño resultó ser Néstor Echeverri. El jefe de policía vino en persona a encontrarse con nosotros y lo pusimos al día con las últimas noticias.

Puso a mis servicios dos vehículos y cuatro hombres para lo que fuera necesario, pues él estaba interesado en esclarecer lo que estaba pasando con la familia del señor Pedro Silverio. El periodista y yo con los cuatro agentes suministrados por el jefe policial partimos hacia la mansión del que decían era uno de los capos del narcotráfico de Costa Rica, pero al que nadie podía probarle nada ilegal por la variedad de negocios que tenía y la forma de cuidarse cuando hacia sus transacciones.

Dejamos un agente chequeando los movimientos de la gemela a la que identifiqué como Marcela, pues tenía los dos aretes que constituían la única diferencia posible entre estas dos mujeres.

Ubicamos un automóvil en un sitio desde donde podíamos ver los movimientos de la casa y parte del patio, porque la vivienda quedaba abajo y nosotros la observábamos desde un punto alto del terreno boscoso que había en los alrededores de la propiedad del supuesto mafioso. Esa noche la única salida que hizo Marcela fue a cenar junto al acaudalado Néstor Echeverri, pareja a la que nosotros le hicimos vigilancia hasta que Echeverri la condujo nuevamente al hotel. Algo raro se movía porque el periodista se enteró que el señor Silverio estaba vendiendo todo a muy bajo precio, hecho sobre el que pusimos al tanto al jefe de la Policía.

Era posible que se estuviera gestionando algún pago a Marcela, si esto era probable quería que las autoridades le incautaran el dinero antes de salir del hotel. Pusimos de turno a los agentes que nos acompañaban evitando que la mujer se nos marchara, nos dieron dos radios de comunicación, el periodista se quedó en la suite que había conseguido con mi amiga recepcionista, la del perfume caro. Al día siguiente estábamos desayunando a las 6:30 de la mañana.

-Que bien viven ustedes los investigadores privados.

Comentaba el periodista amigo que estaba pegado a mi trasero como una garrapata por todos los recursos que había movido en el corto tiempo que tenía en su país.

-Es parte del trabajo, amigo.

-Si algún día voy a Estados Unidos te caeré por tu oficina en busca de trabajo.

-Te estaré esperando.

-Hay movimiento en el lobby del hotel.

En ese momento llegaban dos hombres bien vestidos que el periodista conocía como gente de Néstor Echeverri, tomaron el teléfono blanco de la pared y marcaron el número de una habitación. Después de concluir la breve conversación, uno de los hombres salió en busca del auto y el otro esperó al lado del ascensor, nosotros nos pusimos en estado de alerta poniendo en conocimiento a quienes manejaban los cinco vehículos más de apoyo que nos había facilitado el jefe policial por si teníamos que hacer algún seguimiento de importancia.

Marcela salió del ascensor, saludó al hombre que la esperaba y se dirigieron al frente del establecimiento donde la esperaba el automóvil negro. Salieron rumbo norte sospechando por la dirección que llevaba en el momento los acompañantes de la dama que irían a desayunar donde el capo Néstor Echeverri, cosa que luego confirmamos por un informante que la policía tenía dentro de la casa del capo. Los autos encubiertos sin distintivos policiales seguían a los sospechosos que se dirigían hacia la dirección del mafioso.

Llegaron a la vivienda, entraron y cerraron el portón. Se notaba en el patio de la casa la actividad de algunos hombres que portaban armas largas y tomaban posiciones, cosa que no era acostumbrada en tiempos normales.

Había una gran reunión en la que participaba don Néstor, la mujer que acababa de llegar y don Pedro Silverio para arreglar la cuenta de los 200 kilos de cocaína que pertenecían a la organización de las gemelas.

Don Pedro llevó un millón de dólares y todas las escrituras de sus propiedades, casas, autos, fincas, acciones y otros bienes para que don Néstor se los recibiera en presencia de una de las gemelas. Don Pedro se iría a vivir a la casa que le había dejado su hermana difunta con sus dos hijastros que le habían quedado del primer divorcio. La cita era a la una de la tarde, nos ubicamos en un sitio desde donde dominábamos la entrada de la casa cuando vimos la camioneta de don Pedro entrar al patio de la mansión, le dije a mi amigo periodista:

-Presiento que algo grande va a pasar.

-Sigo creyendo que tienes poderes divinos, o buenas relaciones en la tierra.

-Déjate de pendejadas, creo que debemos llamar al jefe de la Policía.

-Esperemos un poco, recuerda él dijo que únicamente si era necesario lo llamáramos.

Nos acomodamos en el asiento del auto del periodista, no puedo recordar que tiempo pasó, fue como despertar de un corto sueño cuando comenzaron a sonar los disparos. No sabíamos qué hacer, si correr hacia la casa de don Néstor o gritar, nos quedamos mirándonos como si eso fuera lo mejor en ese momento de acción.

Cuando llegó la policía y pudimos entrar, la escena era dantesca, la mujer que vino de Miami, muerta de un certero tiro en la cabeza, don Néstor muerto por varios disparos. Don Pedro Silverio, acribillado por los guardaespaldas de Néstor. Todo se hizo tal como me lo solicitó don Pedro, el periodista escribió una espectacular reseña, yo cargué con todas las evidencias que pude para destruir la organización de la única mujer misteriosa que quedaba sembrando terror y sufrimiento con el maldito negocio de muerte.

Cuando el avión emprendió su partida hacia Miami comencé a cumplir la promesa que le había hecho a don Pedro Silverio al terminar nuestra caminata por las praderas de su hermosa finca que lo vio partir como algo natural del ambiente.

De regreso a Miami

"La única aventura que me falta por vivir sin poder escapar de ella es la muerte"

Mi viaje a Costa Rica fue muy fructífero para la investigación, pues traje evidencias y conocimientos sobre el caso que investigaba, esto me daría un panorama claro de con quién me enfrentaba. Una organización con un poder de maldad y destrucción sin límites, con unos asesinos a sueldo implacables cuando se trataba de destruir un objetivo o proteger los frutos del crimen organizado.

Cuando entregué mi reporte al FBI de lo acontecido en Costa Rica, los comentarios del agente Manuel Fernández fueron muy contundentes.

-Arrestamos a Viviana y tres personas más, encontramos una cantidad de dinero en la caja fuerte que no se ha contado todavía y 890 kilos de cocaína, tiene que entender que esa organización de criminales es muy peligrosa, si te consideran un riesgo para sus intereses, eres hombre muerto.

-El destino se encargara de esta parte, si me ha reservado una muerte violenta nadie podrá evitarlo.

-Si juegas con fuego creas las condiciones para quemarte.

-No tengo miedo ni siquiera al miedo, es una de la razones por la que espero la muerte todos los días sin preocuparme.

-La mayoría de personas que te rodean son criminales, nunca olvide esa parte o sombra que estas detrás de tu espalda.

-En el ambiente que me desenvuelvo únicamente hay curas cuando hay que oficiar una misa por el alma del difunto.

-Recuerda, nunca es malo poner un poco más de seguridad.

-Lo tendré presente, pero mi obligación es sacar de circulación esos criminales sin escrúpulos que matan a personas sin contemplaciones, el trabajo mío está hecho, les toca a ustedes demostrar que la cara es una.

Terminamos la conversación y salí del edificio federal. Ahora me tocaba recibir la recompensa que daría el gobierno por esta investigación y tomarme unas merecidas vacaciones.

Cinco meses después de este acontecimiento estuve en Washington en el edificio del Congreso y me encontré con cuatro agentes federales que custodiaban a una mujer muy hermosa que daría su testimonio a los congresistas, para mi sorpresa esta mujer era Viviana quien había hecho una negociación acogiéndose al programa de testigos federal, dando al gobierno de Estados Unidos suficiente información sobre Pablo Escobar, Fabio Ochoa y otros capos del crimen organizado que eran de especial interés para el Departamento de Estado en Washington.

Esta actitud me confirmo que los Estados Unidos perdonando a esta criminal de carrera tienen una *"Doble Cara"* con la política que se estaba llevando contra el narcotráfico y sus aliados criminales.

El Autor

Ángel Martínez, nació en Santiago, República Dominicana es el menor de dos hijos de padres cristianos. Sus primeros pasos dentro del espionaje los dio siendo un niño cuando tropas americanas, el 24 de Abril del 1965, invadieron su país.

Después de sus estudios primarios ingreso al seminario para estudiar sacerdocio, la mayor parte de su juventud la dedico a evangelizar y educar jóvenes en contra del consumo de drogas, es corresponsal extranjero para algunos periódicos y canales de televisión.

Creador de Imagen, conferencista Internacional, Escritor y Detective Privado. Buscando el sueño americano emigró a Estados Unidos, primero trabajó para una firma de abogados, esto último lo acercó a las agencias Federales, para las que trabajó bajo supervisión de excelentes agentes americanos.

Se desempeñó en el FBI, Inmigración, Servicio Secreto, DEA, Aduana, Policía de New York y otras instituciones de inteligencia que no mencionaremos.

Ha testificado en cortes Federales y Estatales a favor de los Estados Unidos en contra de organizaciones relacionadas con el tráfico de drogas. En el desempeño de sus labores ha viajado alrededor del mundo en operaciones encubiertas.

Sus innumerables Investigaciones contra el narcotráfico lo han calificado como un experto en el tema de esta peligrosa mafia de muerte.

Ha dictado conferencias sobre el narcotráfico en las principales Universidades de Latinoamérica, así como en diversas ferias del Libro, Colegios, Cárceles, Clubes e instituciones privadas.

Hoy en día los principales periódicos de Latinoamérica y Estados Unidos han hecho eco de sus declaraciones en grandes titulares de primera página.

Todos los beneficios que les generan sus libros y las conferencias las han donado a instituciones que luchan por sacar de esta enfermedad y dar mejor vida a los consumidores de drogas.

Ha sido secuestrado en tres ocasiones, saliendo victorioso gracias al trabajo de rescate espectacular de la Fuerza Delta de Contrainteligencia.

Sus mejores años lo ha dedicado a combatir el narcotráfico demostrando que la solución al problema está en el consumo y no en el traficante de drogas.

Otras obras del autor

DISPONIBLES EN AMAZON

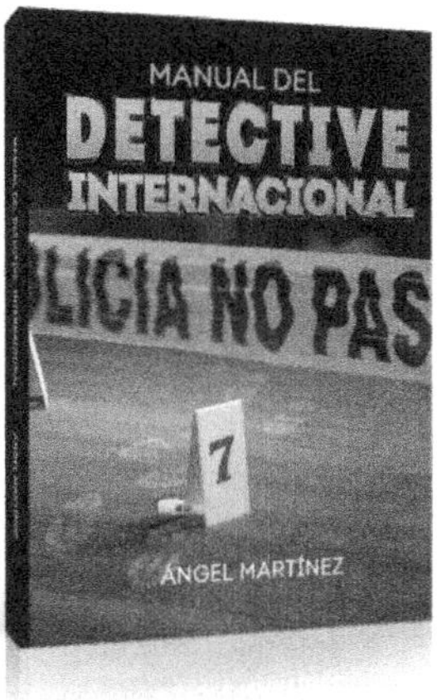

Made in the USA
Las Vegas, NV
20 July 2023

75030614R00174